社会工作跨境专业督导

——山东经验

Cross-border Professional Supervision in Social Work

Shandong Experience

马丽庄　吴丽端　区结莲　著

社会科学文献出版社
SOCIAL SCIENCES ACADEMIC PRESS (CHINA)

内容提要

《社会工作跨境专业督导——山东经验》一书描述一项为期两年的社会工作督导计划。本计划在山东济南实施。当地的社会工作刚起步，缺乏有经验的社会工作者为社区里的机构及工作人员提供督导。本计划希望利用香港丰富的督导经验来提升山东社会服务机构的专业品质。

本计划由山东省济南市基爱社会工作服务中心与香港中文大学社会工作学系家庭及小组实务研究中心合作实施。在 2010 年 8 月至 2012 年 8 月期间，香港的资深社工为社会服务机构提供机构发展和实务层面的督导。计划的目标有三：①巩固员工的社会工作价值及操守；②提升员工在设计及提供服务上的效能感；③协助员工探索本土化的社会工作干预手法。

两位来自香港的督导有丰富的复康及社区服务经验，她们分别对济南智障人士服务中心以及社区居家养老、儿童及青少年服务点的工作人员进行督导。督导的形式包括实地视察、文件审视及视像督导。两位社工督导借此实践计划，一方面探索适合内地社会服务机构采用的在职社工督导手法；另一方面，通过与当地社工针对工作议题进行探讨，确立机构的行政管理系统服务模式和手法导向。在实施过程中，我们进行了量化问卷调查及质化访谈来收集接受社工专业督导的机构员工和服务使用者的意见，评估是次跨境督导的成效。研究发现，无论是机构员工还是服务使用者，对此计划都给予了正面肯定。机构员工认识到机构行政管理、机构员工分工清晰、机构工作文化建立对服务推行和发展的正面影响。服务使用者尤其是智障人士的家长也看到机构改善了环境，丰富了学员的活动内容。

我们希望透过本督导计划的成果，促进内地社会工作人士关注机构及员工督导的重要性，引发读者思考在如何提升在职前线社工的工作效能、专业知识水平和道德水平的过程中，为社会服务机构建设优良的管理、督导系统，让我们的服务使用者得到更专业、更适切的帮助。

Executive Summary

In this book the authors describe and document a two-year project on social work supervision conducted in Jinan, the provincial capital of Shandong, China where social work has just developed into a profession. Young social workers in Jinan are in need of guidance, advice and support from experienced social workers to apply social work knowledge and skills in their daily practice. However, there is a severe shortage of experienced social work supervisors there. In view of this, an attempt was made to draw professional expertise from Hong Kong, which has become possible with advancement in information technology in the past two decades. This project aimed to enhance the service quality of social work in Jinan through cross-border professional supervision from Hong Kong.

This project was carried out collaboratively by the Jiai Social Work Service Center in Jinan and the Family and Group Practice Research Center, Department of Social Work of the Chinese University of Hong Kong. From August 2010 to August 2012, two experienced Hong Kong social work supervisors, who have extensive working experiences in rehabilitation and community services, provided professional supervision through on-site supervision and video conferencing to social workers working in a rehabilitation center for mentally challenged adults and a community-based youth center respectively. They coached the supervisees at service, organizational and community levels.

The objectives of the project were threefold: (a) to help the supervisees critically examine their social work values and foster their professional identity; (b) to enhance their self-efficacy in planning and implementing social services; and (c) to facilitate the development of a socially relevant and culturally applicable social work intervention approach. The efficacy of professional supervision was assessed using the combination of a survey and in-depth interviews; feedback from the supervisees and the service users were gathered. The results of the evaluation study have indicated positive effects of professional supervision on agency staff's professional competence and agency development. More importantly, the service users witnessed the positive changes in agency administration, work culture and an improvement in the quality of service provided.

It is our hope that by sharing our experience in Jinan, we can help to promote professional supervision in social work in the Mainland. In addition, this book can inspire agency supervisors to realize fully social worker's potentials and to establish a systematic administrative and supervisory model in the organization, which in turn would eventually benefit the service users through provision of high quality services.

序

高鉴国*

本督导项目总结报告《社会工作跨境专业督导——山东经验》介绍了香港中文大学社会工作学系家庭及小组实务研究中心督导小组在济南市基爱社会工作服务中心的服务督导过程；它反映了香港督导专家过去两年中在山东省济南市督导实践的高起点，也标志着内地社会服务组织未来督导发展新的出发点。项目总结报告呈现了服务对象、服务机构和工作人员、督导和督导评估者在督导过程中积极、有效和多维的互动关系。

项目总结报告介绍了督导小组以服务对象作为机构和工作人员服务定位的基准与督导成效评估的重要参照主体之一（见第四章、第六章），体现了社会工作专业的服务本质与使命。在中国专业化社会服务发展和重建的进程中，香港督导专家的参与有助于内地同仁提升以人为本和案主自决的服务意识，反

---

* 山东大学哲学与社会发展学院社会工作系系主任。

思某些结构性行政主导和技术控制倾向，加快服务理念和方法的现代化。

香港注册社会工作者黄智雄先生专注于山东济南的民间社会服务活动已整整10年。他不仅创办了济南市基爱社会工作服务中心，捐资支撑中心的两个基本服务项目，而且与香港中文大学社会工作学系合作，引入先进的服务督导和督导评估模式，对内地社会工作服务发展做出了一份重要贡献。督导小组的吴丽端女士和区结莲女士作为香港资深社工，其出色的督导工作在项目总结报告中都有具体反映。本人有幸在她们每次来济南实地督导时都有面对面交流的机会，她们的专业水平和服务技能给我们留下了难忘的记忆。

2012年8月，借督导小组实地督导之机，本人曾就社会工作者的素质能力问题组织了一次小组访谈。其间，吴丽端女士以极为朴素的语言说：我最希望的就是，如果我觉得我自己生活得很好，就会想为什么我的服务对象生活没我好；如果我们能够创造大家都过得好的生活那是最好的；自己做社工最大的动力就是如果可以让自己生活得好的时候，自己身边的人也有机会可以生活得好一点。区结莲女士说话的风格是细慢轻柔，她列举了内地媒体披露的一个被上级性侵犯的女社工在成为公务员后撤诉的事例，指出社会工作者不应贪图不当利益，即使遇到不公平对待，也不应妥协和进行利益交换；同时，公平、公正、公开是非常重要的专业价值或工作态度，社工在面对挑战时，能不能去示范，对真正做到公平、公正、公开是很重要的。正是怀着这些专业价值和使命感，督导小组成员负责和圆满地完成了两年的项目督导工作，留下了这份宝贵的项目总结报告。

近年来，山东大学哲学与社会发展学院社会工作系与香港中文大学社会工作学系开展了多项学术和学生交流活动。香港中文大学社会工作学系马丽庄教授亲赴实地参与督导设计和进行具体辅导，并两次访问山东大学哲学与社会发展学院社会工作系。香港中文大学社会工作学系家庭及小组实务研究中心督导小组同仁对山东大学社会工作专业硕士研究生和本地其他民间专业服务机构同工也提供了多次专业辅导。可以预期，未来各方围绕教学科研、社会服务、服务督导与督导评估等领域的持续合作将结出更多丰硕的成果。

序

黄智雄[*]

本身为社工的我，一直十分关注内地社会工作的发展。我曾经于2003年到山东省济南市做社区探访，发现当时内地给予智障人士的支援十分匮乏，而且歧视问题十分严重。目睹这种缺乏支援的生活环境，又见内地的社会服务仍在发展当中，未能惠及这些有急切需要的人，我内心感到十分难过、着急。

这些切身的感受推动我于2007年在山东济南成立了社会服务机构“济南市基爱社会工作服务中心”，当时中心成立的目的是为改善内地智障人士及其他弱势社群的生活，以让他们活得更有尊严。经过五年的服务尝试，现时中心的服务范围已扩展到服务家庭暴力中的受害妇女、残疾孤儿等。目前，济南市基爱社会工作服务中心的服务日趋成熟和多元化，有赖于中心工作人员的不断努力和尝试。

五年历程中遇到的难关不少。2010～2012年，有幸邀得香

---

* 项目赞助人。

港中文大学社会工作学系系主任马丽庄教授为中心制订跨境社会工作督导计划，让中心的员工得到有丰富督导经验的吴丽端女士及区结莲女士的指导。在两位老师的悉心指导下，中心现时的机构架构变得成熟了，服务设计创新很切合服务对象的需要，机构员工在两位老师的指导下变得更加自信。整体而言，机构文化变得积极投入，令中心在提供服务时更有力量。在此感谢马教授、吴女士及区女士用心培育内地社工专业人才，没有她们的付出，中心难以有现时的服务质素。

本书记录了这两年的跨境督导经验，过程中喜见受督导的员工获益良多，更令人鼓舞的是服务使用者都表示中心的服务质素有所提升，直接令他们的心理、生理质素也得到改善。作为项目赞助人，为此十分感恩。愿此书的出版能让更多的社会服务机构了解专业督导，为推动内地的社会工作服务发展尽一份力。

序

马丽庄*

我国儒家文化一向认为，为政者爱民的表现，是照顾社稷里的长、幼、老、弱，为他们谋福祉，正所谓“老有所终，壮有所用，幼有所长，鳏寡孤独废疾者，皆有所养”。随着我国现代化进程加快及改革开放以来经济快速发展，推动社会福利事业发展、建立专业社工队伍是必然的。

然而，我们成长于香港，受教育于香港，内心虽然一直萦系祖国，但从未想到今天能通过跨境专业督导方式协助内地培育刚刚进入这崭新专业行列的社工，协助他们有效地开展工作，向服务使用者提供卓越服务。

2011 年，项目赞助人黄智雄先生的盛情邀请、对香港中文大学社会工作学系家庭及小组实务研究中心团队的信任，还有其慷慨捐助，让我们能够尽一点绵力，扶助山东济南基爱智障人士服务中心和社区居家养老、儿童及青少年服务点

---

* 香港中文大学社会工作学系系主任。

的社工们在专业上成长，裨益服务使用者包括智障人士及其家长和社区里的长者与青少年。

“家家泉水，户户垂柳。”实施此项专业督导项目前，我们对济南的认识仅止于拜读过刘鹗的《老残游记》而已，肤浅非常。因此，我们在项目实施初期亲自到济南考察学习，一方面参观当地服务机构，另一方面评估接受督导的工作人员的学习需要，了解其身处的机构情况和社区环境。此外，我们亦与服务使用者、区民政局相关官员、大学老师等会面。这些会面对我们策划项目和评估专业督导的成效是很重要的。借此，我们深深感谢山东大学社会工作系系主任高鉴国教授和黄智雄先生。如果没有他们多方面的配合、联络及悉心安排，我们肯定不能在短短数天内与各方面的人士会谈，聆听他们的看法，收集他们的意见，为我们在策划项目时提供宝贵的参考资料。此外，高教授还向我们推荐了出版本书的出版社。高教授的支持，我们铭记于心。

参与专业督导的两位老师——吴丽端女士和区结莲女士，分别在香港复康服务和社区发展服务领域拥有丰富的实务与行政经验，她们在督导过程中采用启发式手法，透过提问协助工作人员了解其行动背后的理念和想法，从而协助他们整理思绪、寻找服务的方向并调教其服务的手法。这样的督导手法有以下优点：第一，两位老师相信“基爱”的工作人员是有能力和潜能的，通过督导，他们可以自我完善、成熟，提升专业效能；第二，作为“异乡人”，她们的督导手法有效地避免了将其专业意见套诸当地社工身上，同时亦尊重济南独特的社会、经济、政治、文化环境。两位督导的机构行政管理经验丰富，因此督导的重点之一是协助社工们领悟社会工作的一个重要概念——“人在情境”，在此过程中让他们明白环境评估和环境干预个中的精粹。举例来说，吴丽端女士协助智障人士服务中心的社工看到中心设施和训练的流程如何影响学员们的表现和老师的教学效果；区结莲女士则与社工们一起了解社区的需要，并重新确定服务的方向。她们督导相同地方的目的在于扩阔社工们的专业视野，而不再只停留于技巧层面。经验较浅的社工们在接触服务对象时容易感到焦虑，故在推展工作时比较注意技巧层面的问题，而忽略把社工基本价值观念落实在服务中、寻找正确的服务方向回应社区需要、营造舒适的机构工作环境、建立积极进取的工作文化等。综合来说，两位督导从社会工作概念切入，与社工们一起探索、了解和掌握服务使用者方方面面的需要，培养社工们敏锐的觉察力，鼓励他们细心观察、分析其所处社区和机构环境。譬如，员工分工是否清晰？团队是否建立起来？对各方面有清晰的把握后才对症下药，使有效地达致服务目标。

最后，我们借此感谢社会工作学系博士毕业生顾珉珉博士和本中心的研究助理罗颖嘉女士，在书写这份报告时，她们花了不少时间和心思，协助我们整理相关资料，并润饰文字；在此亦感谢巫俏冰教授在评估督导计划的工作上给予了宝贵意见，协助我们顺利完成报告，没有延误出版日期。

我们最大的喜悦是亲身体验到社工们在专业上的成长，有幸参与推动社会工作专业化的工作，也是我们的福分。我们期望在未来通过不同的项目，继续回馈祖国，与内地社工们一起探索通往大同理想世界的康庄大道。

2013 年 4 月 14 日

目 录

第一章　专业督导计划背景资料

第一节　中国内地社会工作发展

追溯中国内地社会工作的发展，大多以社会工作教育的历史作为背景，其中重要的事件有：1987 年 9 月，民政部邀请社会学和社会工作专家学者，在北京马甸举行了社会工作教育论证会，重新确认了社会工作专业的学科地位。1988 年，民政部资助北京大学 100 万元，设立了改革开放后第一个社会工作专业。之后，社会工作教育迅速发展，民政部在民政系统的大中专院校相继设立了社会工作系，包括民政部管理干部学院、长沙民政职业技术学院、重庆社会工作职业学院等。中国社会工作教育协会于 1994 年成立。到目前为止，全国有 200 多所高等院校设立了社会工作专业学科，提供大专、本科和研究生课程（王思斌，2011）。

社工专业化是重要的发展里程碑。民政部在 2003 年初向各省市民政厅局发出《民政部办公厅关于加强社会工作队伍专业化建设的通知》，积极倡导有条件的省市开展社会工作专业化制度建设试点工作（民政部，2003）。2003 年，上海市率先由民政局和人事局联合建立了社会工作者职业资格制度。同年，江苏省建立了社会工作者水平等级考试制度，浙江省也建立了社会工作与管理岗位资格证书考试制度。2006 年 7 月，国家人事部、民政部联合颁布了《社会工作者职业水平评价暂行规定》（民政部，2006a）和《助理社会工作师、社会工作师职业水平考试实施办法》（民政部，2006b），内地进入了社会工作者职业水平制度正式建立的阶段。

2006 年 10 月，党的十六届六中全会明确提出要在全国“建设宏大的社会工作人才队伍”，并要求各地“建立健全以培养、评价、使用、激励为主要内容的政策措施和制度保障”（新华网，2006）。国家民政部在同年年底确定在全国 75 个地区、90 个单位设立试点，开展社会工作和建立社会工作人才队伍。

第二节　山东社会工作专业发展

一　受督导机构所在地 —— 山东济南

山东拥有悠久的历史与丰厚的文化，是齐鲁文化的发源地。自古就有齐鲁大地“一山一水一圣人”的说法。山是中国五岳之一的泰山、圣人是儒家学说创始人孔子，而水则是有“泉城”之称的济南的泉水。济南是拥有 2700 多年历史文化的名城，她的历史文化底蕴也十分丰厚。济南人杰地灵，除了刘鹗先生在《老残游记》中所提及的大明湖、千佛山的自然美景外，济南也是合称“济南二安”的南宋词人李清照和辛弃疾的故乡。历朝历代的文人墨客都纷纷造访此地，感受她的灵气。

现今的济南是山东省省会，是山东省的政治、经济、文化、科学、教育及金融中心。济南亦是中国15个副省级城市之一，是中国重要的创新型城市、园林城市以及全国重要的交通枢纽和物流中心。根据第六次全国人口普查（2010年）显示，济南常住人口为680万（山东省统计局，2010），他们来自48个不同的民族，当中98%为汉族，2%为其他少数民族。济南经济发展迅速，根据2009年全国国内生产总值统计，济南2009年的经济总量为3350亿元，在全国城市中排名第21位、在副省级城市中排名第11位。济南位于我国最大的工业密集区——环渤海经济圈，可见其地理位置优越、资源丰富，是中国经济综合实力50强城市之一，以机械纺织、建材、食品、轻工、钢铁和化工为她的主要工业。

二 山东社会工作人才建设

随着内地社会工作的发展，山东近年亦不断推动社会工作的开展和人才队伍的建立。1999年，山东大学和济南大学开设了山东省首个本科层面的社会工作专业；随后10年间，山东省18所不同院校也陆续开办了社会工作专业的本科课程。

张洪英（2012）的一项有关山东社会工作专业教育的调查显示，2011 年在山东高校教授社会工作的专业人员有 183 人（见图 1－1）。

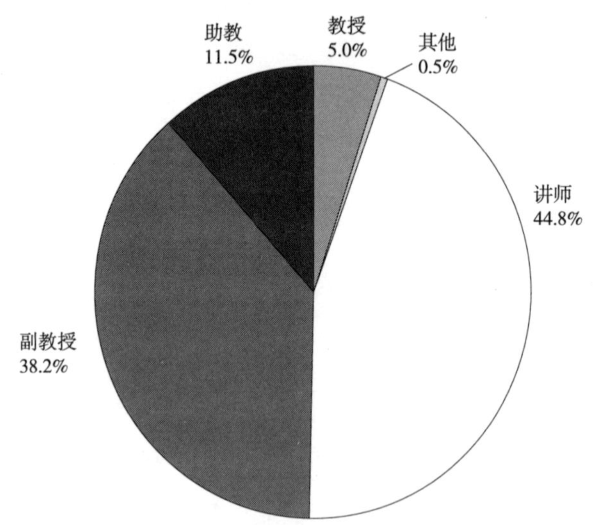

图 1－1　在山东高校教授社会工作的专业人员（2011 年）

在山东的社会工作专业教师队伍中，教师们的学历甚高，有 90% 的教师具有硕士学位或以上。可是，该调查亦发现有社会工作专业背景的教师却只占 16%，其余 84% 的教师是社会学、心理学、政治学等专业背景的教师。由此可见，山东的社会工作专业教师队伍缺乏有社会工作经验的教师为学生提供专业督导。

2007 年初，山东省民政厅成立了社会工作人才队伍建设领导小组，该领导小组办公室设在人事处，负责处理日常工作。民政厅从有关业务处和直属单位抽调部分既熟悉社会工作又精通民政业务的骨干力量，参与由社会工作人才队伍建设领导小组组织实施的工作。各市、县（市、区）也分别成立了相应的组织领导机构，明确了民政系统人事部门辖下的地区社会工作人才队伍建设组织的具体职责。截至2011年12月，全省开发了1000多个社工岗位，培育了20多个民间社会工作组织，建立了一支3000多人的社会工作专业人才队伍，开辟了广泛的社工服务领域（民政部，2011）。

第三节　社会工作督导

一　社会工作实习及实习督导

实习是社会工作教育中的一个必要组成部分。借着到机构实地进行社会工作实习的机会，社工学生可以将在课堂上学到的知识整合到实务过程中。学生在督导（包括机构督导与学校教师）指导下，运用知识、价值与技巧于实习工作中，以促进自己的专业成长（林万亿，2006）。

社会工作实习在近十年随着国际社会工作教育重点的改变而与以往有所不同，其重点亦与以往有所不同。这些重点包括：专业能力为本（competency-based）、实务以实证为本（evidence-based practice）（Rosen，2003），以及在评估服务需要时，听取服务使用者的意见，并邀请他们共同策划服务方案及评估服务成效（Rossi，Lipsey，& Freeman，2004）。

专业能力为本不只要求社工学生通过在服务机构（包括社会服务机构、学校及医疗服务机构）里向服务使用者提供服务，把在大学里汲取的社会工作知识运用出来，更重要的是学生能够反思自身的处事手法是否与社会工作伦理守则吻合，而遇到一些在伦理守则上具争议性的问题时，是否懂得谨慎思考其伦理观点与伦理守则之间存在的冲突，并找出解决矛盾的方案。而在整个学习过程中，督导老师协助学生逐渐内化社会工作专业伦理守则，而内化专业伦理守则最终成为学生在工作上必须具备的条件。

至于“实证为本”的实务的重点，扼要来说，督导老师要求学生不断吸收新的专业知识，这些知识是有着实证根据的。值得注意的是“实证为本”这个概念，在不同的知识典范影响下，对其的理解有异。举例来说，在实证主义和后实证主义的理论典范下，凡是经过不断实践并取得显著成效的干预知识，都算是证据为本的知识。可是，此论点却不是后现代主义的社会工作教育学者所苟同的。他们认为，实证主义和后实证主义的观点过于狭隘。后现代主义的学者提出历史时空的独特性，相信现实和真理是通过互动和语言建构出来的。因此在实务评估上，他们重视探索历史社会经济文化情境、主观经验和互动交往的动态（Laird，1995）。

在实习中学生会运用的社会工作理论主要包括：心理动力理论、认知行为理论、危机干预模式、任务中心模式、优势理论、系统理论、生态系统理论、充权理论等。而学生在社会工作实习中会遇到的社会工作价值包括个别化、自主、尊重、案主自决等。此外，实习过程中亦会使学生各方面的社会工作技巧得到磨炼。社会工作技巧按服务对象可分为个案工作技巧、小组工作技巧和社区工作技巧；按社会工作实施的过程来分，又可分为评估、规划、行动、检讨和结案的技巧（林万亿，2006）。

然而，在众多理论里，生态系统理论（Bronfenbrenner，1979）乃社会工作实务之本。“人在情境”的评估是贯串在生态系统理论背后的基本原则。社会工作人员不仅需要认识和了解个人心理状况及其需要，而且需要理解其身处的环境如何塑造其思想、情感和行为，及人与环境互动的过程中衍生的情况。有学者便曾对实习督导的目标做出如下归纳。

社会工作实习督导目标的五方面：

（1）专业知识——协助学生掌握各种知识的结构和意义，将理论和实务结合起来；

（2）专业自主——培养学生独立自主地计划、安排工作和解决问题；

（3）专业自我——引导学生探索内在的心理因素对其行为的影响，提高“自我觉察”的能力；

（4）专业认同——协助学生探索内在的感受和价值取向，培养他们对社会工作价值观的认同；

（5）专业成长——协助学生对理论、技巧和社会价

> 值观加以融会贯通，提高专业知识水平与实务能力。（曾华源，1995）

由于实习在社会工作教育中非常重要，英、美等西方国家对实习学生的学习安排，有着严格的要求。以美国为例，他们要求社会工作学本科生及硕士生在大学课程中分别完成最少400小时及900小时的实习督导，并在毕业后两年内或最少4000小时得到专业注册社工督导才可获注册（Social Work Re-investment Initiative, 2009）。而英国负责管理广泛助人专业的Health and Care Professions Council（2009）虽未规定社会工作学生的实习时数，但该会定期到访办学院校进行检视，以确保教学质素。而英国院校提供的社会工作学本科课程大多要求学生完成两次100天的实习时间（约1400小时），实习期间学生需要在两所不同服务性质的机构进行实习，同时接受在实务上有足够经验的老师指导。以香港为例，社会工作注册局依据社会工作教育里有关实习的方面（Social Workers Registration Board, 2012），有以下的要求：大学课程的实习安排平均不能少于900小时，在安排上必须有一次实习是在当地进行，学生在实习期间，每星期必须接受1.5小时个人督导。而香港社会工作注册局要求督导老师必须拥有社会工作硕士资格并在行业里有5年实务经验（社会工作注册局，2009）。

二　内地实习督导概况

长期以来，内地社会工作专业实习一直是其专业教育和发展的薄弱环节。虽然不同层次的学生以不同方式进行实习，但这种训练模式往往不足以令他们获得应有的专业知识、介入方法及养成专业的态度。原因有如下几点。

第一，大部分学校尚未建立完善的社工专业实习制度，缺乏实用的专业实习教材，学校与实习机构之间的合作机制亦不完善（向荣，2000）。

第二，肖萍（2006）指出，内地目前缺乏具有专业社会工作理念的机构。向荣（2000）也发现，学生被派往的实习机构多是一些“准社会工作机构”。这些机构的工作与社会福利和服务相关，可是，它们缺乏对社会工作的认识，这令学生无法将社会工作的理论、价值观和技巧运用在工作上。受这些机构的工作范畴和一贯工作手法的影响，学生在实习时，其角色大多是机构的一般工作人员，很少有机会能在工作中运用社会工作的理论和方法（游洁，2007）。

第三，虽然每位学生均由两位督导——一位是学校老师（学院督导），另一位是实习机构的工作人员（机构督导）——负责指导，但机构督导和学院督导都未能充分回应实习学生的需求，提供切实有效的督导。逯晓瑞（2009）调查了武汉市社会工作本科专业学生的实习情况。在296份有效问卷中，22.1%的受访者表示每次实习时都有督导指导，但也有15.5%的受访者在实习中从未接受过督导；而在曾接受督导的250人中，有183人（73.2%）由国内高校社会工作专业教师督导。可是，过半数（59.4%）的受访者认为督导老师不能提供切实的指导。究其原因，一方面，多数实习机构为准社会工作机构，机构督导虽有丰富的工作经验，但未必能回应学生的专业需求；另一方面，目前高校的社工老师很多都是非社工出身或未接受过社工实务教育，缺少实务工作经验。在这些因素的影响下，社会工作实习由本来的专业督导指导转变为学生和督导共同学习和摸索的过程，严重地影响了学生在专业上的成长。

三　内地社会工作在职督导概况

考虑到目前内地高校实习督导不足，而内地社工岗位也有聘用非社工专业本科毕业生，致使工作人员对在职督导的需求甚高。内地从事社会工作的工作人员所需要的在职督导包括理论、技巧、价值观的教授，与上文提及的社会工作实习内容及目标类似，但又比实习的督导时间长，要处理的实务也较多，这对在职督导提出了巨大挑战。

目前，部分内地的机构一般聘请本地高校专业人员进行督导。但是如上所述，高校老师本身的临床实务经验可能也不足，因此客观上要求向外拓展，寻找其他的社工督导资源。

内地机构寻求督导的主要途径是跨境督导。最早开展跨境督导的是香港与深圳两地的社工机构。本书所讨论的也是一种跨境督导模式，下文会对这种督导模式的基本情况做概要介绍，包括提供督导的机构概况、受督导机构概况及受督导工作人员背景。

第四节　香港中文大学社会工作学系与山东省济南市基爱社会工作服务中心之专业督导计划

鉴于山东社会工作发展刚刚起步，一如所有其他地区社会工作发展初期的情况，缺乏有经验的社会工作者出任督导一职。香港社工的丰富督导经验有助于提升机构的专业服务质量，故山东省济南市基爱社会工作服务中心与香港中文大学社会工作学系家庭及小组实务研究中心合作，邀请香港的资深社工为机构提供实务和机构发展层面的督导。本督导项目为期两年，从2010年8月开始至2012年8月结束。

一　督导背景

负责提供督导的机构是香港中文大学社会工作学系家庭及小组实务研究中心。香港中文大学社会工作学系一向关注内地社会工作的发展，与内地不同学府及服务单位保持密切联系，该系之家庭及小组实务研究中心亦强调发展临床社会工作知识和推动实证为本的实务研究，并以提升前线工作人员的实务技巧为目标。

两位督导皆是具有数十年前线服务和机构管理经验的专业社工。吴丽端女士主要负责督导基爱智障人士服务中心的工作，区结莲女士主要负责督导社区居家养老、儿童及青少年服务点的工作。

二　受督导机构：山东省济南市基爱社会工作服务中心

山东省济南市基爱社会工作服务中心（以下简称“基爱”）成立于2007年10月，是济南市首家在市民政局正式注册成立的社会工作专业服务机构。“基爱”以“助老扶弱、服务家庭、关怀社区、发展睦邻”作为机构的发展使命，以“引导创建关怀互助的社区，矢志成为服务弱势社群及倡导社区关怀的专业服务机构”为机构发展愿景目标，逐步发展出一套由政府监管的社会工作服务模式，走上了由政府整体购买专业服务、由政府指导下的社会组织提供专业服务、为弱势群体服务和促进和谐社区发展的专业社工发展道路。

图1－2　中心与社区小学联办的活动

“基爱”自成立伊始，先后实施了多个服务项目，包括智障人士服务项目、济南市妇联反对家庭暴力社工维权项目、济南市历下区甸柳一居儿童成长服务项目、济南市市中区“阳光家庭”单亲特困家庭服务项目等。目前“基爱”专注于以下三类服务：第一，智障人士服务中心，由机构理事长黄智雄先生出资赞助；第二，“快乐老家”社区居家养老服务项目，由政府出资整体购买；第三，“花 young 年华 · 青年空间”青少年事务社会工作服务项目，由政府出资购买，重点关注城市社区弱势青少年群体。

图 1－3　“快乐老家”的工作人员合影

图 1－4　中心举办户外活动

三　受督导工作人员背景

智障人士服务中心工作人员和社区及青少年服务点工作人员的背景有较大差异。智障服务中心的师资队伍由五位老师组成，他们当中有两位为社工专业专科/本科毕业生；一位老师虽然非社工专业本科毕业但有长期志愿服务经验；一位老师则受过护理专业教育并曾从事智障服务；还有一位既是智障人士的家长，亦是长期从事智障服务的老师。五位老师的年龄介于20～60岁之间。社区居家养老服务和弱势青少年成长服务均由山东省内大学社工专业本科或硕士毕业生负责提供。绝大部分社工都是大学毕业后即投身社会工作，没有其他工作经验，他们在机构工作时间最长的有5年（从2007年机构筹备开始），最短的也有在机构工作半年的经验（在接受访谈时，访谈时间为2011年12月，其入职时间为2011年7月）。

四　督导计划的目标

本合作督导计划期望达致以下三个目标：

（1）巩固工作人员的社会工作价值观及操守；

（2）提升工作人员在设计及提供服务上的效能感；

（3）协助工作人员探索本土化的社会工作模式及干预手法。

五　督导形式、时段及次数

辅导形式包括：面对面的实地督导，透过网络进行的视像督导、文件审视，以及其他补充形式如电邮、电话等。2010年9月至2012年8月，两位香港督导共为“基爱”工作人员进行了9次实地督导和26次视像督导。每节的督导时间为3个小时。

第五节　研究目标和研究方法

一　研究目标

本研究属于服务评估的性质，目标是评检香港中文大学社会工作学系家庭及小组实务研究中心向“基爱”提供社会工作督导服务的成效。研究需要回答以下三个问题：

（1）香港督导提供了哪些督导？通过什么方式进行督导？

（2）受督导工作人员认为在哪方面得到了督导？他们在知识、态度和技巧方面有哪些变化？

（3）服务对象如何评价受督导后的工作人员和机构？

二　研究方法

本研究运用混合方法（mixed method），对不同的评估内容/指标采用不同的资料。

（1）香港督导提供了哪些督导？通过什么方式进行督导？这部分的资料来自：①对文件档案资料进行分析，这些资料包括督导与受督导工作人员往来的邮件、督导工作手记内容；

②研究者与受督导工作人员进行访谈，并在得到其同意的前提下对访问过程进行录音，再转换成文字记录进行分析。

（2）受督导工作人员认为在哪些方面得到了督导？他们在知识、态度和技巧上有哪些变化？这部分的资料包括文件档案（如受督导工作人员的回馈）及研究者对受督导工作人员的访谈。访谈采用个别或小组的方式进行。有关居家养老和青少年服务项目工作人员的访谈指引，可参考附录一；有关智障人士服务中心工作人员的访谈指引，请见附录二。此外，针对对智障人士服务中心工作人员的督导成效，研究者共进行了三次测量（2010 年第一次，2011 年第二次，2012 年第三次），以检视他们在自我效能感（self-efficacy）及专业能力的自我评价方面是否有所变化。自我效能感问卷引用了已有翻译的量表（Schwarzer，1993），专业能力的自我评价问卷由研究团队讨论拟定，涉及服务智障学员所需各方面知识和技巧上的自我评价。

（3）在服务对象眼中，工作人员和机构在督导前后有何变化？这些变化是否影响了服务对象的满意度及其对机构的观感？研究者访谈了五位接受智障人士服务中心服务的学员家长。有关访谈指引，请见附录三。另外，还有两次针对家长对机构服务效果及机构整体满意度的问卷调查。第一次调查于 2011 年 7 月进行，有 11 位家长参加。第二次调查于 2012 年 9 月进行，有 13 位家长参加。有关问卷样本，请见附录五。

这样一种运用混合方法的项目评估模式又被称为协同模

式（coordinated design，Caracelli & Greene，1997）。在这种模式中，透过运用不同的研究方法来回答不同的研究问题，方法的混合（mixing of methods）只在研究的最后部分出现。换言之，每一个研究问题对应的研究资料都是分别进行收集和分析的，之后再汇集，针对每一个问题给出分析结果（Cook，1985：47）。

第二章　跨境社会工作督导

第一节　社会工作督导、顾问和跨境督导

本研究计划旨在利用香港丰富的社会工作督导经验协助内地社会工作单位探索本土化的社会工作模式。本章先阐释社会工作督导的三大功能，以及本研究的督导所承担的顾问角色。最后，亦是本章的重点，阐释跨境社会工作督导的过程及本研究为满足跨境督导的需要所采取的督导策略。

第 19 版《社会工作百科全书》（Shulman，1995）指出社会工作督导具有三大功能（行政、教育、支持），可被分为两种模式（实习督导和在职督导）。

一　社会工作督导的三大功能

社会工作督导的内容可以按功能划分为三类：教育性督导（educational supervision）、支持性督导（supportive supervision）、行政性督导（administrative supervision）。

1. 教育性督导

教育性督导的内容是针对某一特定工作人员，针对其在工作中遇到的特定问题，教授以下五方面有关的知识和技巧（Kadushin & Harkness, 2002）。

（1）有关机构：机构的组织结构和行政架构、机构的目标、机构提供的服务类型、机构政策及制定政策的程序、机构所在社区的基本情况、机构与所在社区其他机构的联系，等等。

（2）有关问题：特定社会问题的起因，社区对特定社会问题的回应，该问题对社区的影响，机构提供的服务与该问题之间的联系，等等。

（3）有关案主：个体行为的各个发展阶段，个体面对压力和问题时通常的反应，个体在群体中如何自处，等等。

（4）有关助人过程：各种助人的理论和技巧，选择某种特定助人技巧的标准，对助人过程的描述和理解，等等。

（5）有关工作人员：工作人员的专业身份认知，工作人员的自我觉察等。

教育性督导的目标是协助该工作人员更好地处理工作中的问题，保证其能向服务对象提供更适切的服务，并协助其在职业能力上成长和发展（Caspi & Reid, 2002）。

2. 支持性督导

支持性督导的内容是协助受督导工作人员应对和工作有关的压力。和工作有关的压力可以有多个来源，比如工作量和工作水平之间的矛盾，某些较难应付的案主给工作人员带来工作上的挫折和情感上的压力，社工这一职业本身所特有的压力（比如因资源有限而无法有效助人带来的挫折感和失败感，因缺乏量化指标以衡量自己工作成效而带来的不确定感和缺少成就感，等等）。支持性督导的目标是改善或移除工作人员面对的压力情境，帮助工作人员适应压力，以及预防潜在的压力情境出现。支持性督导通常与教育性督导或行政性督导共同进行。

3. **行政性督导**

行政性督导的目标是确保受督导工作人员能完成机构安排的工作，以确保机构正常运行，工作有序进行。行政性督导的内容包括：设定服务目标及其优先次序，工作计划、工作分配和协调，工作授权、管理、回顾和评估以及受督导工作人员的职责和问责，督导协调或缓冲工作人员与机构、工作人员与服务对象之间的矛盾，等等。

综合上述，社会工作督导的最终目标是提供有效率和有效的社会工作服务。为达到此目标，督导在行政上确保受督导工作人员的行为和目标与机构的政策和目标一致，确保受督导工作人员有足够的知识和技巧，并通过对受督导工作人员的支持，保持工作人员的士气和工作动力。

二　实习督导与在职督导

在职督导和实习督导在三大功能上的具体表现形式有所不

同。实习督导以教育为首要任务，在实践社会工作的过程中，学生可熟习社工文化、巩固价值观、运用理论与技巧。实习督导的行政功能体现在两个方面：第一，提醒学生需达到实习机构的要求；第二，如果机构未能提供适切的工作机会或不合理地要求学生从事其他工作，则督导在有需要时会向机构反映，以争取机构对学生的支持。

在职督导的行政功能也可被看作一种管理功能，包括设定服务目标及其优先次序、工作人员角色和职责的厘定、工作计划与分配、工作检讨，目标是确保受督导工作人员的行为及目标与机构的政策和目标一致。在职督导的教育功能旨在针对受督导工作人员在工作上所面对的难题，针对其在知识、价值观和技能方面的不足提供专业指导，最终促进受督导工作人员在专业上成长。在职督导的支持功能旨在培养工作人员在工作中的正面态度和情绪，保持工作人员的士气，以及提升他们对雇佣机构与社工专业的归属感。

三　顾问

顾问（consultation）是指来自机构以外，在某个领域具有特别才能的专业人士。顾问可分为两种：一种是个案顾问（case consultation），顾问被邀请前来为特定的个案提供意见，协助前线工作人员处理该个案；另一种是项目或组织顾问（program or organizational consultation），顾问和机构的行政人员与管理层一起工作，着重提升机构在制定政策、策划和实施项目方面的能力（Shulman，1995）。

顾问具有督导的行政功能和教育功能，顾问与督导的最大差别是前者来自机构外，他与机构没有行政上的附属关系，他的权威来自他在某一领域的才能，而非来自他在机构中的位置。因此，顾问一方面得到机构管理层的支持；另一方面，他们在处理机构层面的事务时拥有更大的自由度。本研究计划的香港督导正是以顾问这一角色来进行督导，而两种顾问形式亦是在督导过程中常用的。第三章及第四章将讨论两位香港督导在督导过程中所用的督导手法，从中可见她们如何以顾问的身份为受督导工作人员及机构提供意见。

四　跨境督导

香港社工机构与内地机构的合作，始于和与香港一河之隔的深圳机构的合作，Hung、Ng 和 Fung（2010）将之称为跨境督导（cross-border supervision）模式。2007 年 9 月，香港基督教社会服务处（Hong Kong Christian Service）与深圳两家社工机构于 2007 年 9 月至 2009 年 2 月，由香港基督教社会服务处派出 11 名资深社工，每周亲赴深圳 60 多个工作单位，为 128 名深圳社工提供社会工作实习督导。深圳的督导经验有以下三项特色。

（1）跨境督导是实习督导与在职督导的结合

由于内地的社会工作仍在发展阶段，社工教育仍未能提供专业的实习督导，而社工岗位也有聘用非社工专业本科毕业生，社会服务单位透过在职督导来补充他们所受正规社工教育的不足。

（2）跨境督导体现了社会工作督导的支持功能和教育功能，但欠缺行政功能

在跨境督导中，若督导没有被赋予与督导工作目标相应的权力和权威，就可能会对督导成效产生影响。在工作过程中，工作人员会期待香港督导协助他们影响机构管理层以争取更多资源。可是，香港督导采取的策略是教育和推动工作人员为自己争取资源。香港督导在欠缺行政功能的情况下或会令督导成效受到影响。

（3）部分香港督导对当地制度、资源认识不足

在跨境督导中，“文化敏锐”视角是必需的。若督导只传授西方理论、香港模式，而缺乏对内地制度和文化的了解，便无法对受督导工作人员的工作提出实际可行的建议。跨境督导要在尊重文化差异的基础上，在不同制度中探求实践社工理念的最大可能性。

香港社工在深圳的督导经验说明跨境督导要面对多种挑战：第一，由于内地的社工专业教育起步较迟，社工学生的实习机会不足，在推动针对工作人员的专业督导的过程中，必须重视每位前线工作人员专业道德和操守的建设，确保这些工作人员在品格、价值观与行为各方面，与香港社会工作人员协会的专业标准相符合；第二，基于内地聘用社工的服务机构大多处于机构发展的开创期，内部的行政支持系统还未建立起来，

香港的社工督导所肩负的责任，并不局限于在职社工个人的专业成长和工作效能的提升，其中最主要的功能，是推动机构建设有效率的行政和管理系统，以配合服务的迅速发展；第三，督导还需要兼顾香港和内地的文化差异，尊重内地社工服务本土发展的特色。

以下是香港－山东跨境督导所期望达致的三大督导效能。

（1）确保工作人员持守专业精神及伦理守则

香港社会工作者注册局（2010）所修订的《注册社会工作者工作守则》，包括社会工作者基本价值观及信念，与服务对象、同工、机构、社会有关的原则及实务，等等。这一专业守则背后是基于人本精神的普世价值，关乎个体价值、平等和对公义的尊重，在世界不同地域的社工，在发展其本土特色的社工服务的同时，必须确保在提供服务的过程中持守这些价值观，确保为服务对象带来最大的保障。

跨境督导的推展，其中最大的考验，是如何确保前线工作人员承传社工专业的价值观和操守，山东的督导模式里蕴含的教育功能是要让前线工作人员“内化”（internalize）基本的社工守则，从而使他们在实务工作层面上，以专业态度来回应服务对象的需要。香港社工的专业督导往往通过对个案案例进行讨论，让前线工作人员汇报及回顾他们在提供服务的过程中所做的抉择和考虑，从而检视他们的专业操守，其中最关键性的四个原则是：①对个案的私隐的保密性（confidentiality）；②介入的手法和方式不能给服务对象带来任何损害（do no harm)；③要确保对服务对象的尊重（respect)；④要以不判断的态度（non-judgemental attitude）来对待服务对象（香港社会工作者注册局，2010)。这些原则说起来好像简单明了，一点也不复杂。但是，对于经验尚浅的工作人员，他们或会急于在工作上取得成效，选取一些自己只是一知半解的治疗理论和技巧来用，在应用过程中，以自己的想法为出发点，并没有考虑服务对象的需要。另外，有些工作人员基于个人的成长背景、性格特点或会对某些服务对象进行负面评价，产生负面的情绪反应，甚至有些工作人员会期望服务对象尽快做出转变，而将自己的观点强加给他们，要他们在工作人员的压力下无助地接受别人的安排。以上种种，督导必须特别留意，绝不容许受督导工作人员只顾取得良好表现，而无视个人的专业操守。

山东的督导模式强调的是受督导工作人员对督导的信任，让他们可以坦诚地面对自我的不足。基于督导与受督导工作人员的互信关系，督导可以带领工作人员做自我反省，从而整理个人的价值观，并且放下对人对事的成见，寻求素质的提升。

（2）寻求多角度思维，创立具本土特色的服务手法

深圳跨境督导的经验提及督导者必须具备“文化敏锐”的特质（Hung，Ng，& Fung，2010)。所谓的文化敏锐是指对两地的社会制度、资源状况和价值观念的差异性，不但要理解，而且要保持尊重，不宜把适合于西方的社会工作模式和手法，完完整整地搬到中国内地推行。即使香港的社工本身

也是在华人社会中生活，在中国文化的影响下成长，但是，基于香港的社会福利制度与内地的制度绝不相同，社会福利机构的历史文化与内地的机构大有差别，故此，香港的社工督导绝不应把所拥有的知识和技巧以单一而直接的方式传授给内地前线工作人员。而对于没有专业经验的内地社工岗位的工作人员，香港的社工督导又如何开启他们的思维，让他们为服务对象寻到合宜的服务方案呢？

上文提到个人督导会受到文化差异的影响，因此香港社工督导在采用督导策略时，亦运用团体督导的优势，以集思广益的方式，让前线工作人员站在不同立场表达其观点。作为带领者的社工督导，既可以促进受督导工作人员思考，积极寻找服务方案，也可以站在较中立的立场、以较远一点的距离来辨识那些介入手法，是否比较适合山东这里的地方特色，而社工督导也刻意做实地观察，亲自了解服务对象的想法。

（3）提升机构能力的建设

机构能力可被划分为外在要素和内在要素（Worth，2012）。内在要素包括组织架构、工作人员的背景和组成、机构日常运作、机构完成项目以及自我评估项目效果的能力；外在要素所指的是与外在系统互动的能力。外在系统包括出资方、工作伙伴及志愿者。机构未必在每一项要素上都会发挥到最好状态，但这些要素是社工督导加强机构能力建设的介入点。

机构能力建设的目的是透过强化这些要素，使机构发挥更大的效能。内在要素和外在要素是相互联系和影响的。社工督导在了解机构的现状、评估机构需要重整的各项要素后，要在督导过程中在机构层面及工作人员层面强化这些要素，务求使机构服务更能切合服务使用者的需要。以下是两位学者提出的与机构能力相关的内在及外在要素（Connolly & Lukas, 2002）。

与机构能力相关的六项要素

1. 机构的使命（mission）、愿景（vision）和策略（strategy）；
2. 机构的管理（governance）和领导（leadership）；
3. 机构有效地完成项目并自我评估项目效果的能力；
4. 机构的策略性关系（strategic relationship）；
5. 机构的资源拓展（resource development）；
6. 机构的内部运作和管理（internal operations and management）。

综合上述，六项要素影响着机构整体效能。使命、愿景和策略给予机构追求目标的动力。项目实施和评估的能力是机构存在的保证。策略性关系、资源拓展，以及内部运作和管理是机构达到目标的保证。机构的管理和领导要确保以上要素能相互结合在一起。因此，社工督导在进行机构能力建设前，首先要评估机构在这六个方面的表现，然后考虑机构所处环境的特质，以及进行机构能力建设的介入点和所采取的相应措施。

五 总结：香港－山东跨境督导模式的特色

本研究中的香港－山东跨境督导模式除体现了社会工作督导的三大功能（教育、支持、行政）外，还体现了三种跨境督导的特色：第一，督导是以在职督导与实习督导同步进行的方式开展；第二，督导透过教育和推动受督导工作人员影响机构来实现行政功能；第三，督导需要广阔的文化视野以协助受督导机构创立本土化的服务手法。

此外，本研究计划还有两项特色：第一，着重在督导过程中传承社会工作的专业精神并谨守伦理守则以保障服务使用者的权利，期望使内地社会服务单位提升警觉性；第二，着重机构的能力建设及人才培育，期望能透过给员工提供发挥能力的机会，使其人职相配，让服务质素得到更进一步的提升。

本研究中，香港－山东跨境督导体现了上述特色。督导因应机构的状况以及影响机构的各种内在和外在要素，选择了最重要的因素来集中进行研究。本研究的督导内容及影响督导选择的要素将在第三章和第四章详细介绍。

了解了社会工作在职督导和机构能力建设的基本内容后，以下我们先简单介绍本研究所采用的督导模式，并列举一些有利督导过程的督导策略。

第二节　督导过程及督导策略

由于本研究的专业督导是在跨境的情况下进行的，文化上、社会福利制度上的差异是跨境督导面临的重要挑战。因此，香港的社工督导在进行研究前需事先周密计划进行督导的方法，以符合机构的需要及当地的特性，以便使督导在跨越地域的情况下亦能发挥其效能。香港督导在面对跨境挑战的情况下，透过翻阅机构的文件及与机构工作人员举行视像会议来完成整个督导计划。

一　文件

香港督导在计划的初期必定会先翻看机构的文件，让督导对机构的背景、目标及过往的服务项目等有一个清晰的概念，从而考虑机构的哪些方面需要较为重视，在日后作为督导重点以提升机构的整体服务质素。翻阅文件是跨境督导的必要步骤，这是用以补充督导在思考时未留意的部分，同时亦使督导目标更贴近机构服务使用者的需要，让督导成效得以发挥。香港督导在文件中整理出重点，便会在视像会议中针对性地加强提问。

除了计划的初期透过翻阅过往的文件让督导勾画出督导重点外，计划进行的两年间，香港督导与机构主管及工作人员亦会不断利用电子邮件书信往来，受督导工作人员可以透过电邮把个案的介入手法、执行活动等方面的疑问向香港督导提出，香港督导便可及时为他们安排视像会议做进一步督导。值得一提的是，在督导过程中所有的文件都谨守“保密”原则，确保机构的服务使用者都是以化名代表，以保障他们的私隐。

二　视像督导

由于山东与香港两地相距甚远，进行实地督导的次数有限，视像督导成为实地督导的替代方法。视像督导已被证实是一种有效与远距离同工建立工作关系的方式（Wolfer, Carney, & Ward, 2002）。

准备和进行视像督导时应考虑以下要素：摄像机的放置要确保每一个受督导工作人员都能被摄入镜头；视像会议开始前调试设备，确保设备不会在过程中出现问题；视像会议开始时，督导应向每位参与人员打招呼，确保每个人都有回应，不会出现某个“被动”或被忽略的受督导工作人员（Kelleher, Ewert, Yastrubetskaya, & Williams, 2000）。

视像会议可用以进行个别督导及团体督导，两者共同有两个目标：第一，协助受督导工作人员理解服务对象的处境并制订相应的计划；第二，提升受督导工作人员的知识、技巧及专业身份。以下将阐释两者的区别，及透过视像会议进行督导的利与弊。

1. 视像会议形式的个别督导

个别督导是一对一、面对面的人际互动过程，督导有充分时间与受督导工作人员讨论个案，并在不受任何干扰的情况下，解决某一问题。一般来说，个别督导模式的优点在于督导与受督导工作人员能够在具有较高隐秘性及不受干扰的情况下，解决某一议题，或充分讨论受督导工作人员的个案。香港督导能针对专业上工作人员个人的提升，让他们能特别处理在面对个别服务对象时心理上产生的挣扎。例如，家长对孩子采取“放弃”态度或姿态时，工作人员对家长所产生的负面情感反应。

个别督导模式的缺点为受督导工作人员仅能接受督导的教导，一方面督导工作人员的工作量较大，另一方面当工作人员面对同样问题时，督导就变成了重复工作。而且，个别督导也欠缺小组讨论及向同工学习的机会（黄明玉、郭俊严，2009）。

2. 视像会议形式的团体督导

团体督导主要由一位督导定期与一群受督导工作人员开会讨论。团体由二三人至七八人组成。团体督导的内容大致上包括个案讨论、角色扮演、专业知识的讲解以及介入技巧的示范等。团体督导模式的优点是有针对性的督导较少，工作人员较多的机构很适合采用此模式。除了更有经济效益外，对新进人员来说，团体督导亦有助于增强机构工作人员的团队意识及矫正个别督导所可能产生的偏见，并提供受督导工作人员角色扮演的机会。团体督导让受督导工作人员可以互相学习、借鉴，促进他们在多角度的方向探索。

可是，由于团体督导以视像会议形式进行时，督导较难准确地看到不同参加者的面部表情反应及了解其参与的意愿，故令采用此模式的督导有较大难度。此外，每位参加督导的工作人员所分配到的时间相对比个别督导少，督导无法针对个案细节加以讨论（黄源协，1999）。

三　督导的三个步骤

无论是个别督导、团体督导或是视像督导，都会经历三个步骤：准备、进行和总结。准备期的主要工作是督导计划进行督导的时间、地点和督导结构，受督导工作人员呈交督导有关所需督导问题的书面描述以及其他必要资料（比如工作记录、录音、个案档案等）。督导在看过受督导工作人员关于服务对象的记录后，从个案记录中选择某部分议题作为督导的重点内容。进行期的内容是督导与受督导工作人员或受督导工作人员团体就选定的议题进行系统的、批判性的、完整的分析，可以运用角色扮演等方式演练讨论后拟定的服务方案。总结期的目的是重复整个督导过程中的要点，确保受督导工作人员可以将督导过程中学到的应用于实际工作中，必要时督导也会给予一些参考书籍或资料，辅助受督导工作人员继续学习。

四　自我导向学习及有目的性提问

自我导向学习（self-directed learning）及有目的性提问（purposeful questioning）是督导在职社工时常用的两种督导策

略，起源于成人教育学（Andragogy）。成年人教育开创了教育学的先河（Knowles，1973）。人类伟大的教育家包括我国的孔子、希腊的苏格拉底等贤哲，他们的学生都是成年人。随着工业革命，社会需要培养一批拥有基本知识和技能的劳工，儿童教育学应运而生。

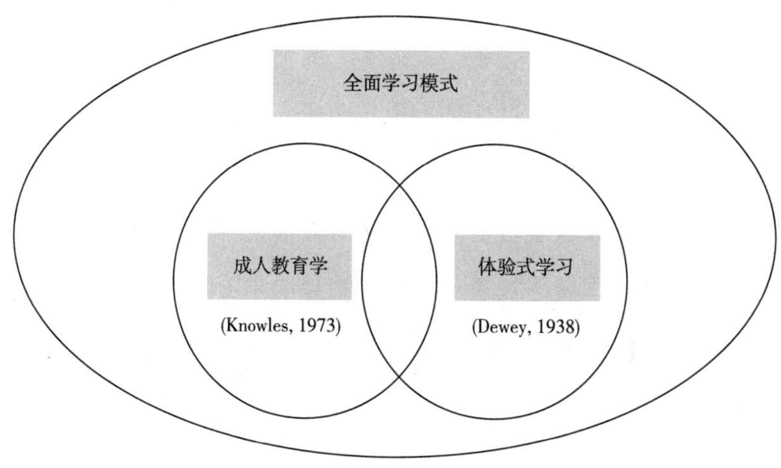

图 2－1　督导理论框架

成人教育学与儿童教育学的不同之处在于其教育对象不同。前者的学生是成年人，而后者的学生是儿童及青少年。成年学生在开始学习时皆有其人生阅历，而推动他们学习的内在动机来自他们在生活上、家庭里或工作上遇到的问题和困难。因此，他们的学习是主动的，而不是被动的。他们的学习目的是解决其在生活上、家庭里或工作上遇到的问题。

自我导向学习是一种教学方式和教学过程。在此过程中，学生充分发挥自主学习的精神，凭借自己的知识与生活体验，依循所知道的事实、概念与原则，与教师一起讨论问题。在设定学习目标后，学生自行收集资料并加以分析及评估，从而加深其对问题的了解，最后解决问题。美国教育学家杜威（Dewey, 1938）说得好，所有有效的学习都是经验导向的。

在自我导向学习中，教师扮演的是促进者（facilitator）的角色，而不是专家。在开始阶段，教师需要更多地发挥支持作用，与学生建立互信关系，了解学生的惯常学习方式，然后因材施教，比如与学生讨论是否把某些概念列在他们的学习重点中。随着学习不断深入，当学生能自主管理他们的学习进程时，教师就渐渐退至幕后。传统学习方法使学生倾向于被动学习，学到的知识较易被遗忘；而自我导向学习使学生通过解决问题的过程，提升学习的动机，也更能理解在解决问题过程中所应用到的理论和技巧，提升解决问题的能力（庄明莲，2008）。

全面成人学习模式

- 教学模式：个别化学习、体验式学习；
- 学习导向：自我主导；
- 教学内容：生活为本、目标为本、实务为本；
- 学习者的特性：内在动机、自我主导；
- 教导者的特性：与学习者平等，促进者、鼓励者。

有目的性提问是一种督导给予受督导工作人员反馈的一种方式。督导通过有目的性提问的方式促进受督导工作人员的自我导向学习。相对于直接给意见，此提问方式较少导向性（directive）、对质性（confrontational）或惩罚性（punitive），可减低受督导工作人员的自我防御，使他们对所讨论议题持开放态度。另外，此提问方式可促进受督导工作人员思考。由于不被督导的思路限制，所以受督导工作人员可以想到一些督导想不到的方面，而且通过此过程，受督导工作人员也会获得成就感，以及有更强的接受和尝试不同的行为和方法的意愿（Munson，1993）。

然而，成年学生的人生经验（无论是私生活还是过去的工作经验），对他们的学习来说既可以是资源，也可以是障碍。有鉴于此，专业督导的一项重要任务是扶助接受督导的工作人员善用其人生经验，不要让这些过往的经验变成学习的绊脚石。

第三章　针对智障人士服务中心的督导模式

负责督导智障人士服务中心的吴丽端老师，现时为香港中文大学社会工作学系的专业顾问。在此之前，她拥有长达20年的康复服务工作经验，担任复康服务机构助理总干事达十年，而她本人亦是拥有丰富临床经验的完形治疗师及家庭辅导社工。她的专业背景令她在构思和规划整套督导方案时有以下三个方面的优势。

首先，吴老师特别注重价值观的传承，认为服务的开展必须以康复工作的信念作为基础，正如世界卫生组织于2006年编订的《残疾人权利公约》所指出的："社会不应以慈善、医疗和照顾的角度看待残疾人，而是认为残疾人拥有平等、公正和自决等合法权利。"

康复工作的重点不单是以提升智障人士的个人能力表现为目标。吴老师会鼓励工作人员和家长寻求合适的训练方法来改善智障人士的学习，让他们更容易适应社会的转变和要求，但是，她相信服务的长远价值是带动社会环境发生改变，服务目标不应局限于满足智障人士的个人层面需求，更重要的是缔造尊重、平等和融合的社会文化。故此，督导过程带动的是人与人之间的平等相处、尊重和包容，要让机构的工作人员拥有这些基本价值，并以这种专业态度影响家长乃至济南地区的每个人。

其次，吴老师的督导定位是以“家庭为本”的服务理念做基本蓝图（Hartman & Laird，1983）。社工督导在选取理论框架作为实务介入的知识基础时，必须考虑这套理论框架的涵盖性、包容性和适切性，有些理论所涵盖的只局限于个人系统的范畴，提供服务的导向是个人内心思想和行为的改变，对于讲求个人与环境的配合和互动的康复服务，采用“家庭为本”的服务模式是十分适合的。整套服务思维是以发展家庭系统的功能为服务目标，通过社区层面的正规及非正规服务支持，让家庭的潜在资源和能力得以发挥。吴老师在带领前线工作人员评估及回顾智障人士的家庭需要方面，兼顾理论与实践手法的配合，让此套介入模式得以全面推广。这正好和世界卫生组织（2010）制定的《社区康复指南》相呼应。《社区康复指南》指出，全球的康复服务主流以社区为基础，着重提高残疾人及其家人的生活质素，并满足他们的基本需要及确保融入和参与社区中。这不但给智障人士的生活权利和质素带来更大的保障，而且他们的家庭成员在面对“残疾”所带来的影响时，享有的身份可以同时是机构服务的伙伴、智障人士权益的倡导和监察者。

此外，吴老师在构思智障人士服务中心的督导结构及手法时，寻求的是从培育前线工作人员着手，提高机构行政管理效能，达致服务创新。吴老师认为，对在职社工的督导有别于一般的社工实习督导，主要是因为在职督导的本质包含着机构内在能力建设的意义，吴老师所重视的督导成效，并不局限于让前线工作人员掌握一套特定的做事手法，以回应服务需要，关键是让他们懂得寻求与社会环境、个人需要互相配合的服务手法和管理方式，令机构的服务更具策略性和针对性。基于这种想法，吴老师采用成人教育学的理论发展其督导手法（参见第二章第二节的“四　自我导向学习及有目的性提问”），激励工作人员主动思考、不断寻求自我完善和巩固团队合作，期待他们发展出与当地的制度、文化、生活习惯相适应的社会工作服务手法。

基爱智障人士服务中心是一个小型的康复服务单位，专业工作人员只有六人，包括中心的主任、副主任、四位导师，以及一位厨师。中心的学员以中度智障人士为主，年龄分布从 14 岁至 40 多岁，人数维持在 20 人左右，其中一半是在中心留宿的，在周末及周日才会回家。中心的营运费用靠的是学员的学费及住宿费，某些服务项目会申请地区政府或半官方组织的拨款，中心的财务支出部分靠理事会主席捐助。由于智障人士服务中心的架构简单且规模较小，资金主要来自服务收费，因此中心享有较高程度的服务自主性和弹性，而且在具体的工作执行上，依赖的不是科层架构的管理，而是团队成员间的默契和协作。

吴老师的督导按照内容重点可分为四个阶段。第一阶段的重点是评估，内容包括工作人员的培训期望、服务对象的需要、中心管理和日常运作。第二阶段的重点是促进工作人员思维转变（比如，让工作人员意识到学员的行为是如何受环境影响的，并采取行动改变环境）。第三阶段的重点旨在通过安排参观香港社福机构以开拓工作人员视野，鼓励服务创新。第四阶段的重点是智障人士服务中心在组织层面上的能力建设，具体包括三方面：①工作人员专长发展与任务分工；②提升团队整体效能；③建立家长（服务使用者）参与的服务文化。这四个阶段是按照督导起始的时间从前到后排列的，但并不存在先后关系，早前开始的督导工作在后续督导过程中仍会持续进行，只是并非其工作重点。

在督导工作开始之前，督导十分重视与受督导工作人员关系的建立（engagement）。由于督导并非机构的人员，故督导与中心工作人员之间并非上司、下属的关系。香港督导初到智障人士服务中心时，在与工作人员互不熟悉的情况下，真心的交流难以进行，督导成效亦受影响。因此，香港督导以亲和的态度和工作人员交流，使工作人员更愿意与她们相处，慢慢地工作人员与督导建立起信任关系，使整个督导过程能在互信的基础上进行。

第一节　阶段一：评估

一　评估方法

评估是整个督导过程的第一阶段。在此阶段收集的资料对规划及选取督导的重点十分重要。因此，在选择评估方法上，吴老师亦十分谨慎，务求能对受督导机构及工作人员有全面的认识，以为他们设计更合适的督导内容及策略。以下是吴老师采用的评估策略。

1. 实地考察

实地考察的评估方式能让督导看到中心真实的服务提供情况及机构环境。首先是考察中心的服务。吴老师用了两天时间去看学员的学习进度表，观察他们上课的表现。其次，吴老师亦会观察中心的环境。她会留意房间及上课场地的运用安排、环境的布置等方面，这是由于环境的状况对学员的成长，甚至是工作人员的工作亦可能造成很大的影响。在实地考察的过程中，吴老师更会以好奇的态度询问工作人员工作背后的想法和假设，以反问的形式在不知不觉中打破他们习以为常的惯性思考模式，引导他们做好接受督导的心理准备。

2. 访问工作人员

与工作人员对话一方面能让督导更具体地了解工作人员的工作情况，另一方面能让工作人员了解督导的要求。督导者在评估阶段需要掌握工作人员愿意转变的动力大小，以及让他们明白督导成效与其参与程度有直接关系。举例来说，督导会直接问工作人员预计自己投入多少时间在这个工作岗位上，是一年、两年还是三年？这样的提问，不是让他们做出承诺，而是让他们切实想想自己的工作目标，有时间性的规划，让每个人都重视自己的进度，在学习上和工作表现上，要拥有推展性的动力。在本研究中，吴老师与工作人员个别会谈时多次向他们强调这一点。若受督导工作人员没有把他们从督导过程中所领会的知识或技巧应用到实际工作中，则督导的成效极其有限。因此，吴老师引导工作人员必须正视行动上的转变和确保各人均以认真的态度来跟进督导的要求。

二　评估结果与督导重点

评估的目的是希望透过不同方法或渠道了解工作人员对督导的期望，认识他们的学习风格，找出他们在工作上的强项与弱项，在协商的情况下共同订定督导的目标。

在本研究中，吴老师采用了多种形式进行评估，包括问卷调查、个别访谈及实地考察。评估的内容包括：工作人员的个人背景、专业能力水平、学习风格、思考问题的方式、对工作的展望和期待工作带给他们最重要的回报等。

个别会谈与问卷调查的结果显示，大部分同工认为自己在处理学员情绪和行为方面的专业知识不足，但他们的关注点集中在处理技巧层面，较少考虑学员如何受周遭环境影响。工作人员对中心的工作价值抱有正面的看法，对整个团体亦很信任，只是对同事间角色定位、分工及机构对其工作表现要求的认识，仍非常模糊。

评估还包括了解工作人员如何理解服务对象的需要。通过访谈，吴老师发现中心工作人员较注重学员在行为表现上、能力表现上的进步，较少从他们的发展阶段和情感层面上看需要。当面对智障学员的行为问题时，工作人员的思维很多时候局限于行为控制和个别治疗上。由此观之，他们在制订行动计划时并未养成用生态适应及系统思维引导评估方向的习惯。

吴老师借评估总结出三个督导重点：

（1）培养工作人员的系统思维；

（2）让工作人员明确知道角色定位；

（3）增强团队间合作。

第二节　阶段二：培养系统思维，并进行环境干预

培养系统思维（systemic thinking）指的是社工督导协助中心工作人员意识到环境与个人之间的相互影响。而行动改变环境指的是在意识到环境因素的影响之后采取适切行动改变环境，让学员在中心更好地生活和学习。以下两个分别是培养系统思维和促进环境改变的例子：一是让工作人员理解和干预环境因素以应对学员的行为问题；二是借改善流程管理，增强工作人员善用时间的意识。

一　让工作人员理解和干预环境因素以应对学员的行为问题

在评估时，受督导工作人员均表示希望进一步学习临床辅

导及针对智障人士的训练操作技巧。吴老师在观察后认为工作人员在处理学员的行为方面已掌握了一定的技巧，亦较擅长使用一对一的辅导形式，可是他们却缺乏系统思维，较少关注环境对学员行为的影响。吴老师表示工作人员可以透过实践慢慢掌握技巧，但当下最紧迫的是培养工作人员的系统思维，使他们能够从环境影响行为的角度理解智障学员的表征问题。

下面这个例子展示了督导如何运用个案咨询（case consultation）培养工作人员的系统思维，并运用环境干预和个别治疗相结合的方法处理智障学员的行为问题。

例子阐释

这位学员初到中心时情绪非常不稳定，当别人走近他时，他会抓伤别人的手，发脾气时会伤害自己。他每天早上返回中心便躺在大厅的沙发上，咬自己的鞋，饿的时候便大声叫嚷。这位学员患有自闭症，又不擅言语表达，令中心的工作人员感到束手无策。对于这个个案，在督导的引导下，中心工作人员采取以下三项干预策略，而当中的核心原则是推动中心工作人员探索、评估维持学员行为问题的环境因素，然后针对改变环境做出明确的安排，以促进学员适应中心的生活，最终期望通过环境改变与优化训练流程令该学员在情绪与行为上有正向转变。

首先，受督导工作人员将大厅的大沙发移走。由于没有了沙发，这名学员每天早上便要跟随其他人坐在凳子上。初期，受督导工作人员没有要求这名学员跟其他人做一样的活动，他只需要坐在一旁便可以。其次，随着中心加强活动流程管理，这名学员在一旁观察时慢慢掌握了中心的活动节奏和流程。这种规律性的活动节奏对自闭症学员特别管用，学员不会再因工作人员突如其来的要求而产生情绪波动或抗拒，能够逐步追随大伙儿的生活。最后，督导建议中心工作人员把各类活动安排在不同房间举行，一方面扩大学员活动空间，另一方面让他们领会在不同环境下需要做出相应配合。以上文提到的学员为例，督导提议工作人员要在特定的房间、位置给他们进行个别训练，此安排不但可以令学员提高专注度，而且工作人员亦可预先做好准备，在没有其他事务的干扰下，她可以给予该学员实时的奖励和回应，以提升他的合作表现。环境安排上的改变，使学员与工作人员更易于沟通，学员情绪亦比之前稳定，不会再抓伤工作人员的手，亦可以跟随其他学员一起学习。

针对以上案例，督导所采用的是成人教育理论中的提问式手法，与其直接告诉工作人员应怎样处理这一难题，倒不如引导他们对这个问题做重新思考。譬如：这位学员每天早上一来到中心便会躺在沙发上，他那么高大，也有一股蛮力，工作人员总不能以几个人的力量强行把他拉走，这只会导致他更强烈的反抗，徒劳无功。用利诱的方法来哄他，给他食物引他离开沙发，也只收到一时之效，他拿了食物便会返回沙发。工作人员当时没有想到环境的改变会带来新的行为，督导问他们："那么，如果大厅里没有了沙发，你估计学员会怎样?"其中一位工作人员想到他或许会躺在地上，但是，另一位工作人员却认为他不会，他会觉得躺在地上不舒服。倘若摆放一把椅子在沙发的位置，他或许会选择坐在椅子上，因为他已习惯了这个位置。

这套提问式督导手法特别适合于跨境督导。香港督导在短时间内不能把大部分专业知识和经验在日常的相处和讨论中传授给工作人员，他们要让前线工作人员学会怎样去解决实务问题，这才是关键。在促使工作人员一步一步地去推敲、去分析、做判断的过程中，不是让他们获得技术层面的方法，而是发动团队共同思考。团队的成员有时候会以惯性的思考模式来解决问题。例如，要令智障学员的行为产生改变，他们或者依从习惯的路径去寻求直接干预，以奖赏和惩罚来改变行为，可能没有想到环境的布置、气氛所产生的影响。提问式的手法看似简单，督导表现得好像是一般人好奇的提问，但是，她为何选取这个问题去问，从哪个角度来问，以哪些关键性的主题来问，其实，这往往反映不同的实务督导在实务工作理念和知识基础上的差异，他们虽然看到同一个情境，但大家关注的重点不同，往往反映了背后不同的价值取向。

二　借改善流程管理，增强工作人员善用时间的意识

系统思维和环境改变的另一例子就是加强中心工作人员在

活动安排上的流程管理。在首次实地考察中，督导发现团队的工作人员对智障学员的爱心及接纳度是极高的，他们对待个别学员态度亲切，大部分学员都愿意配合工作人员的指令，表现得友善，与他人合作。但是，智障学员做事和参与活动的主动性较弱，他们在中心的生活似乎欠缺方向感。督导发现中心整体的时间管理观念不足，团队对于在指定时间内完成特定任务的时间管理意识不强。这或许与智障人士服务中心的工作人员较容易接纳学员的“慢”有关，故大家对时间的敏感度略低。

从以上例子可见，要提升服务管理及设计水平，工作人员的工作态度及模式需要有所调整，使服务更有规划及规律性。因此，督导首先从建议中心工作人员重新编订作息时间表开始，让他们审慎地考虑每一个时段训练项目的具体目标、程序安排，以及教导学员的具体计划。这样一方面可以培养中心工作人员把握时间节奏的能力，另一方面确保学员的生活规律性，培养他们良好的生活习惯。

第三节　阶段三：开阔视野与服务创新

在 2011 年初，中心工作人员一行四人获安排到香港的智障成人服务机构作实地考察。他们探访的机构包括智障成人宿舍、庇护工场、家长组织及家长资源中心等。除了实地参观外，督导还为他们提供了不少参考资料，包括香港政府部门如教育局、社会福利署及劳工署的网页等。

在参观访问的同时，督导的工作重点就是鼓励工作人员结合中心的目标和愿景、已有资源、服务现状，选择适用于中心的服务方案，并且做出具体的方案计划书制订方案执行步骤，这包括分配具体的工作任务和职责给相关的中心工作人员。

在督导的协助下，到访团队制订了以下三个具体方案：

中心未来的三个发展方案

第一，通过多元化的体验，让学员的生活更充实，团队计划在中心的天台上建一个小型空中花园，让学员可以从事种植。

第二，加强中心的家长组织工作，中心主任本身也是智障孩子的家长，她特别欣赏香港建设的家长资源中心的服务理念，期待中心也为家长提供资料上、情感上的支持。

第三，把中心的培训课程及训练内容重新加以设计和

图 3－1　天台花园

整理。由于中心学员的年龄分布及能力有很大的差异，因此在考虑针对不同学员的培训重点及手法上，中心工作人员认为要逐步加强课程部分的设计。

面对受督导工作人员是在职的成年人这一特点，吴老师采取的是自我导向学习的督导方式，让受督导工作人员通过生活经验和工作实践来学习，再鼓励他们把遇到的情况与督导一起讨论。在自主学习过程中，吴老师扮演的是促进者（facilitator）的角色，而不是专家。在督导初期，吴老师给予的支持性督导较多，着重与他们建立互信关系，然后再进一步因材施教，引导他们整理工作思路及想法。

例子阐释：自我导向学习的督导方式

怀着兴奋心情的工作人员固然很想把他们在参观过程中看到的好的服务引进自己的中心。但是，哪些是适合的，哪些是不适合的，吴老师都会在督导过程中引导他们自己做出筛选，借此增强他们对未来工作的投入感和责任感。另外，通过要求他们撰写项目计划书，督导协助中心工作人员将他们的想法变得更具体。比如在撰写计划书时，工作人员先要确定各项工作的优先次序。又例如，针对具体项目，督导引导工作人员多考虑寻求当地的资源，把这些设想落实。

此外，督导发现工作人员在筹划具体项目时不善于考虑推行计划的细节。比如，在打造中心的空中花园时，怎样安排不同学员参与，以达至最佳效果呢？家长资源图书馆的物资由谁负责定期整理？如何向有需要的家长推广？又或者是怎样搜集合适的书籍或资料供家长参考呢？这些计划推行的细节对推展整体服务质素而言是极为重要的，但这些环节很容易被中心工作人员忽略。因此，督导透过自我导向的提问方式，引导工作人员更审慎地考虑、更精密地设计、实施及推广服务项目。这样一方面可更切合学员的学习需要，另一方面可改变工作人员的工作模式及态度。

第四节　阶段四：组织/架构层面的能力建设

第四阶段的目标是机构能力建设，包括三个方面：①工作人员专长发展与任务分工；②提升团队整体效能；③建立家长参与的服务文化。

（一）工作人员专长发展与任务分工

督导与中心主任对各同事的学历背景、工作经验、专长，以及他们对自己专业发展的期望做出详细分析，再与中心所需发展的项目及相关职务进行配对，目标是要让每一项重要的项目均由一位中心工作人员负责管理及推动。

这样做有两个好处。首先，工作人员的承担感和责任感会因他获委派重要项目而增强。其次，配合工作人员的工作任务和职能角色来设定个别督导的范畴，督导可就该项服务为他个人做较深入的专业督导。例如，获委派负责设计训练课程的同事，会关注特殊教育、智障成人职业培育，以及课程大纲规划的书籍和教材，会主动提出相关的问题，带领团队成员思考，为学员制定训练的目标。至于负责发展外展服务（到家里为智障成人提供服务）的同事，他会深入了解这些智障人士和家庭成员相处的情况，学习探讨如何透过家长辅导让智障人士在家里也可以得到学习的机会。这种以发挥岗位效能为督导基础的取向，令整个督导过程的焦点更清晰，而接受督导的工作人员也感到自己在特定领域的知识和技术水平得到了提升。

（二）提升团队整体效能

在前期的督导中，督导的工作重点是提升每一位受督导工作人员的工作能力。从本研究的第二年开始，督导将工作目标转移至提升团队的整体效能。吴老师认为督导的短期成效是协助中心就其所面对的困难找出解决的方法；长远来说，中心的服务效益能否得以维持要靠工作人员积极发挥团队合作精神。由于中心的架构简单且规模较小，故在具体的工作执行上，中心依赖的不是科层架构的管理，而是团队成员间的默契和协作。因此，团队成员间的沟通和合作是促进服务水平提升的关键因素。此外，团队整体效能的提升还有助于智障学员的学习和发展。对智障学员而言，若周边的人每次都给他一致的回应，则有利于他们学习某种行为并养成习惯。因此，在康复服务中，工作团队成员间的默契对学员的学习有直接和正面的影响。

参与中心一年一度的家庭运动会后，吴老师带领团队进行活动检讨，让他们检视彼此在活动前的筹备，以及运动会开始后工作人员在现场互相配合的情况。吴老师协助他们观察和分析中心团队的合作情况，让他们明白工作人员在执行各自任务时会遇到什么困难，哪些困难需要其他工作人员支持，中心工作人员要懂得集合彼此的力量。在与吴老师讨论后，团队成员意识到每人只把自己的事做好是不够的，大家需要全面地考虑服务安排，灵活地互相配合。

图 3－2　中心举办节日联欢活动

吴老师协助中心主任、副主任做了一系列的工作。比如，改善中心内部的汇报系统。在制订中心的服务计划时，确保每位同事均有一定的参与机会。为了达致此目标，吴老师为中心主任、副主任提供有关项目计划的大纲草案做参考之用，让他们能带领团队，大家互相合作把计划完成。

（三）建立家长参与的服务文化

督导在探访中心期间曾与个别家庭会面，也与中心主任一起进行小组式家长访谈。进行家庭访谈的目的及其带来的收获主要有以下四点。

首先，作为外来者的督导，单凭过往的经验不足以充分理解当地智障学员家长的实际需要。虽然之前工作人员或多或少都介绍过这些家庭的情况，但工作人员的描述极有可能有所遗漏和存在偏差。家庭访谈使督导更贴近服务对象的生活，对个别家长的忧虑、期望、需要以至他们的能力资源也有初步评估，令督导可以更适切地协助工作人员以适当的手法提供辅导及介入。

其次，中心团队期望将中心发展为家长互助平台。中心期望与家长携手推动地方政府、居民组织及社会上不同层面的人士多关注智障人士的需要，为他们子女将来的照顾及就业寻找出路。但是，究竟以怎样的方式做家长教育的工作才有利于当地的服务发展呢？家长认为自己的需要在哪呢？与家长会谈正是为了回答以上问题，并在此基础上谋划如何发展家长互助组织。

从几次会面与访谈中，督导发现家长对智障成人子女的关

图 3－3　家长支援小组

心很热切，他们在养育子女的过程中培养出坚毅意志，谈话里没有消极的埋怨。他们仍会积极寻找各种方法来帮助孩子，特别是在医疗保障及职业出路上，家长希望中心提供更多的信息供当地政府参考，提高相关组织对智障人士的认识。这群家长对内地的复康政策及公民权利有一定的认知，家长间的互助意识亦很强，他们均认同自己要努力为孩子创造更理想的生活环境，只是他们仍未有具体的目标，他们期待中心可以创造更多的机会，使他们能够向地方政府官员、民间团体及负责制定政策的人士表达需要。

最后，督导在亲自带领团队成员与家长进行小组访谈时，亲自示范和讲解如何运用社会工作的小组手法做团队咨商，这样可使受督导工作人员有亲历其境的学习体验，特别是在掌握以何种态度去回应组员的提问和营造小组气氛方面有更深刻的体会。同时，吴老师也提醒和推动中心工作人员在考虑中心的服务方向时要听取家长的意见，建立他们从需要出发的服务文化。

本章小结

纵览这四个阶段的督导内容，值得一提的是，每个阶段既涉及对工作人员个人层面的督导，也包含对机构层面的督导。个人与机构层面的督导是环环相扣、不可分割的。因此，督导过程中，机构和工作人员应同时做出改变。在个人与机构层面交错的整个督导过程中，充分体现出社会工作的一个重要的视角：着重人与环境互动关系的系统思维。

中心的督导工作采用的是系统思维的视角，目标是促进工作人员分析个人与环境的关系。这不仅仅是具体生活环境的变化，包括教室布置、学习流程和服务设施的改善，更重要的是推动人与人之间互动方式的转变。当工作人员能从多角度去探索和思考学员的问题和学习需要时，不同层次的介入方案和手法便会自然形成。工作人员看见的不再是学员的表面行为，而是会明白自己的态度、处理问题的方式带来的影响以及认识不同的对待方式都会带来截然不同的效果。在两年督导结束前，团队成员看见的不仅仅是行为的表面，更重要的是看到社会系统与学员个人及其家庭的互动关系。工作人员现在关注的是学员的出路和未来，他们期望带领学员融入社区，让社区接纳智障人士。

吴老师认为要持续发展这种系统思维和理念，中心团队成员的互动和参与最为重要。坦诚、开放的讨论带动思考，也是通向创新的桥梁。在整个督导历程中，倚赖的不是专家式指导模式，吴老师深信在开放式态度下可聆听到及发掘出每位工作人员的独特想法和观点。当他们感到自己的意见被尊重时，他们成长的动力便会更强。

第四章　针对居家养老和青少年工作的督导模式

"快乐老家"社区居家养老服务项目和"花 young 年华·青年空间"青少年事务社会工作服务项目同时在六个社区内开展，员工有 20 多人，绝大部分为山东省内大学社工本科或硕士毕业生。在接受访谈的员工中，在机构工作时间最长的有 5 年（2007 年初至 2011 年 12 月），最短的有半年（2011 年 7 月至 2011 年 12 月）。

"快乐老家"社区居家养老服务项目不仅为社区老人提供居家日常照顾、精神慰藉、个案辅导、家庭辅导，帮助他们组建社区兴趣小组、社区自助互助小组，开展社区尊老护老教育和宣传活动、社区老年人户外活动等，而且在此基础上增加了老年人的社区互动和社区网络支持，增强了老人的社区归属感，发展了针对老年人服务的支持力量。

"花 young 年华·青年空间"青少年事务社会工作服务项目，坚持"儿童为本，家庭为重，社区为基础"的工作手法，通过建立家长学校以及组织亲子活动，提升父母亲职效能，实现家庭成长。此外，项目工作人员深知社区资源以及社区活动对儿童成长的重要作用，在工作中一方面通过发掘社区资源帮助弱势青少年，让他们可以平等地享有社会服务，另一方面通过对社区活动的参与开展儿童成长教育，在社会性的活动中促进儿童生理、心理成长，实现儿童生理、心理、社会等方面的综合成长。

这两项服务均由政府出资整体购买，确保项目有稳定的资金来源。2012 年，“快乐老家”社区居家养老服务项目的实施开展后被写入济南市市中区政府工作计划中，其工作经验被用作民政部社会工作服务项目和社区居家养老服务的范本，并在民政系统内部通报。项目化运作的服务模式也得到济南市民政系统的大力支持，并在济南市范围内大力推广。

负责督导社区和青少年服务的是区结莲老师。区老师的督导内容大致可分为四部分：服务定位、团队建设、与政府部门及其机构（区民政局、区团委及街道办事处）建立工作关系、协助受督导工作人员提升个案及小组工作技巧。

下面从三方面描述这四部分的督导内容：①对每一项督导内容的具体描述；②选择该内容作为督导重点的原因，此部分将对机构的情况、所在的大环境（山东省及内地社会工作的发展）以及督导的个人理念进行分析；③督导策略。第五章会讨论从受督导工作人员的角度看督导带来的变化。

第一节 服务定位

机构最初的名称是“济南基爱女性关怀服务中心”。机构成立之时，社会工作在内地刚刚兴起。当时内地社区各个领域都缺少社工机构，也就是说，每一个领域均有发展空间。可是，由于当时没有政府资助，机构的经费完全由机构理事长黄智雄先生资助。因此，以黄先生为首的理事会需要确定机构的服务定位。理事会在审视当时内地社区的情况后认为妇女工作最值得关注，故将机构的服务定位在妇女工作上，尤其是反对针对妇女的家庭暴力。机构同时也兼顾发展家庭服务，当时家庭服务的主要内容是探访单亲或贫困家庭。机构开办补习班为这些家庭的孩子补习功课，也曾在假期时为这些孩子举办活动。

但区老师认为这一定位会限制机构的发展。她向机构提出了两个建议：首先是服务对象从妇女工作转向居家养老和青少年工作；其次是扩展服务目标，应从个案和家庭服务扩展至服务对象的能力建设及增加社区资本。

机构服务定位的第一个重要转变，就是从妇女工作转向居家养老和青少年工作。转变的原因可从机构发展历程和外部环境变化这两个方面分析。

从机构本身的发展考虑，原有定位一方面过于宽泛，未能体现机构的特色；另一方面，这一定位较难得到政府资助，如果机构定位与政府计划重点发展的社会服务一致，将更有利于机构发展。

外部环境亦是考虑的影响因素，如第一章概论中所述，社会工作在内地逐步发展专业化，而山东省各市也都开始了“政府购买服务”的试点，当中老人服务是购买服务重点之一。鉴于此，若“基爱”有发展老人服务的意愿便应较容易得到政府资助。再者，考虑到中国的老龄化情况，政府应会进一步推动老人服务和关注老人福利，因此，若“基爱”能够发展并进一步推动老人服务，应当可以得到政府长期的资助。最后，因为“基爱”自2007年成立以来，已开展了一系列工作，从而向政府证明“基爱”有能力提供高质量的服务；机构理事长与有关政府官员也建立了互信的工作关系：这两点是向政府争取资助的有利条件。

因此，在济南市市中区民政局的大力支持下，“基爱”于2010年5月在舜玉路街道办事处开始了社区居家养老服务的探索。该居家养老服务成为山东省首个由街道办事处购买的社会工作专业服务项目。2011年，市中区民政局进一步扩大与机构的合作，以整体购买专业服务的形式在七里山街道、二七街

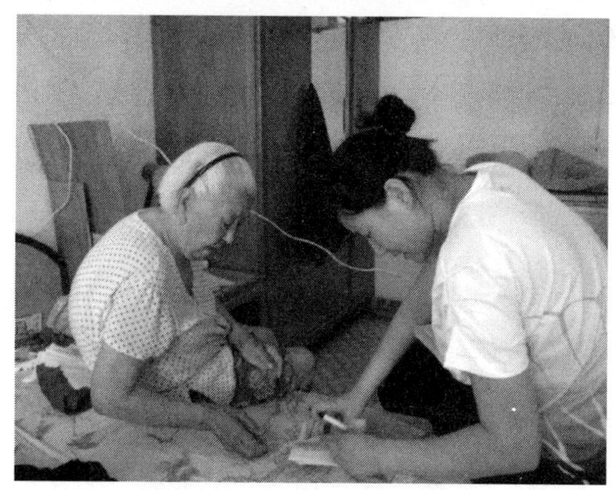

图4－1　工作人员进行家访

道、四里村街道和王官庄街道等办事处开展“快乐老家”社区居家养老服务项目，使专业社工提供的居家养老服务在市中区的各街道办事处得到进一步推展。2011 年 1 月，机构在历下区甸柳第一社区也开展了针对老年人的社区照顾服务，进一步扩大老人服务的范围。

2008 年，“基爱”在历下区甸柳一居等社区开展了儿童和青少年工作，服务贫穷家庭的青少年。由于有丰富的服务经验，机构于 2011 年 3 月得到济南市市中区团委的邀请，由市中区团委出资购买整体服务，把舜玉路街道办事处作为开展“花 young 年华 · 青年空间”青少年事务社会工作服务项目的试点，令机构在社区儿童及青少年方面的专业服务得以推进。

机构服务定位的第二个转变，从只重视个案和家庭服务转向强调服务对象的能力建设以及提升他们的社区参与度以增进社区资本，建设“有情社区”。

在这一转变上，区老师的个人理念是很重要的影响因素。她在推动改变时并没有无视环境差异。经过仔细观察和思考，区老师认为这个理念是有效的，便制定了具体、详细的策略，为服务定位的同时亦贯彻了“社区发展”的个人理念，达成建设“有情社区”的服务增值目标。

区老师的个人理念重点有二：一是能力建设，二是社区发展。这两者是可以联结起来的，并在发展服务时推展具社区工作理念的个人服务。具社区工作理念的个人服务与以往的个人服务有很大的差别。若只是纯粹地提供个人服务，小组会因组员成长而解散，个案亦因此结束。以社区发展为理念的个人服务则可有更长远的个案服务成效。在个人服务进行过程中及结束后，工作人员会鼓励服务对象多参与社区活动。透过服务对象与社区里其他系统的互动，促进社区发展各种有利资源，形成该社区的社会资本，使他们能够自我管理，这就是社区发展。

图 4－2　老人互助小组

区老师这样理解社区发展的重要性：

我很希望把社工的理念、公民社会的理念推广到民间，因为中国很多事情都是由上而下的，很少有机会让公民参加。当然我不反对直接服务，因为某些家庭在某个阶段是需要这样的服务的。但我认为针对弱势社群的工作不能停留在直接服务的层面，这是我个人的信念。因此，我很希望通过社会工作将公民社会及公民参与等核心价值传

> 播开去。另外就是针对弱势社群的服务，我认为应该以一种充权（empowerment）的角度去理解。作为社工，我们并不能永远在社区里服务，总有一天是要退下来的。那么，当我们退下来之时，这社区会是怎样？在我看来，若社区可以自行运作及管理而社区居民都愿意参与该社区的事务，就在这时，我们便可以退下来了。因此，从第一天开始在社区工作便应抱有这样的态度和理念：将目光投向强化社区本身的资源，以令它（社区）在无需我们协助的情况下仍可自行运作，而非不断地提供服务。因为源源不断的服务只会强化服务对象对社工的依赖。“（他们觉得）啊，社工真是好，你们来了就好啦，我要什么你都能给我。”这样的意识形态是做不到能力建设的，反之只会强化他们的无力感，因为他会觉得“没有了社工，我都不知道怎么办才好”。

督导主要以工作坊的形式引导机构工作人员一起思考服务定位。督导首先讲解机构使命、愿景目标、服务定位及成效指标（outcome indicator）等概念。然后邀请工作人员一起思考以下三个问题：①我们希望这个居家养老/青少年服务项目，最终达到什么目标？长远目标又是什么？②要实践这个大方向，我们未来两年的阶段性目标是什么？短期目标是什么？③如何制定成效指标以衡量工作是否达到目标？这些问题可以帮助工作人员时刻记住个人和机构的目标。无论是筹备一个社区嘉年华活动，还是带小组、做个案，都能把工作导向这些目标。

在日常工作中，为贯彻落实这个服务定位，区老师也和工作人员一起思考和讨论如何将日常工作与新的服务定位结合起来。以居家养老服务为例，在中心开展活动的过程中，工作人员邀请老人参与活动的整体策划和筹备过程，并在服务过程中鼓励他们参与，逐渐使老人由服务对象转变为服务设计者。让每一位老人都成为项目团队中的一员，在享受项目服务的同时也可为其他人提供说明和服务。比如，老人中心开办计算机课程，教授老人简单的计算机操作技能，如上网。工作人员先开办两期计算机班并鼓励当中一些较积极和表现较好的老人在第三期计算机班担任助教，老人中心开办的太极班也是这样运作的。还有一个例子是老人中心有一个小黑板，上面写的是当日天气。这个小黑板的内容由每天来老年人活动中心参加活动的老人负责更新。又例如，有些老人会主动为老年人活动中心打

图 4－3　中心为老人提供电脑使用教学

扫卫生。虽然这些在很多人看来是小事一桩，但以上种种安排的目标在于传达一个讯息和建立一种文化——希望到老年人活动中心的老人，皆有参与中心建设和发展的机会。

为了带动老人参与，督导还引入了“参与阶梯”的框架。这个参与阶梯概念的含义：是当面前是一个很不积极的参与者时，工作人员便需要思考下一阶段应怎样让他多参与；或者某个成员在这个阶段已经积极参与了，那么下一阶段应怎样鼓励他成为领袖。比如说有一个很被动的老人，每次来中心纯粹是为了接受服务和领取食物，当没有礼物时他就不会理睬工作人员。那么，工作人员应如何鼓励他多参与呢？比如这位老人前来学计算机，他只是想学到一些知识，但是工作人员会邀请他前来担任助教，指导一下其他老人。这位老人心想：“也不坏，就当我多学一次，还不用交学费。”就这样，他便答应了。而做着做着，他就会发现其实帮助别人很有意思啊。不知不觉中，他就转变了。由此可见，服务对象参与工作的意义可在这些细微的地方体现出来。

再以青少年服务为例。青少年工作的目标有二：一是青少年个人成长；二是鼓励青少年参与社区，借以引导他们从服务对象转变为服务提供者。譬如，2011 年暑假，工作人员组织弱势社区中的青少年，让他们勾画社区地图。在此过程中，工作人员引导青少年增加对社区的认识和了解，增强他们的责任感和社区归属感，并培养他们的合作意识，增强他们的自我效能感。

“基爱”还组织社区内的青少年和妇女，邀请他们为社区内的老人提供外展入户和家居照顾服务，为那些无法外出的老人提供来自社会的服务和关怀，使他与外部建立联系，发展他们在社区中的安全支持网络，从而宣传并培育一个尊老、敬老、爱老、护老的社区环境，促进和谐社区的发展。

图4-4　中心安排的室内活动

第二节　团队建设

团队建设有以下两个目的：在工作人员层面上，团体建设是为了增强工作人员之间的相互支持，包括工作中的资源共享和遇到困难时相互支持，当中也包括情感支持；在机构层面上，团体建设是为了营造融洽团结的工作气氛，借以增强工作人员对机构的归属感。

2007年，机构最初成立时只有4名全职工作人员。由于当时团队规模小，故没有强调团队合作。2010年8月督导计划正式实施，此时亦是项目拓展期。在这一时期，工作人员逐渐增加，而且被分派到不同社区，每个社区有两至三名工作人员。到2012年4月，机构共有31名全职工作人员分散在六个社区。团队力量的增强和人员分散，使机构有团队建设的必要。

除了机构客观上的需要外，还有以下几个原因使得团队建设显得十分重要。首先，团队建设有助于消除工作人员的孤单感和无力感。居家养老和青少年服务原则上采用的是项目社工模式，“基爱”派遣两名工作人员到各社区负责当地的居家养老和青少年服务。这两名在同一社区的工作人员组成小团队。但由于地理上的分隔，被派遣到不同社区的工作人员之间缺乏交流与支持，更不要说能和其他机构的工作人员建立团队合作精神。因此，在项目社工模式下，工作人员容易因缺乏团队支持而感到孤单，因而对工作倦怠。此外，岗位社工需要独立面对很多外在环境的挑战（比如被要求做很多不在服务协议内容之内的行政工作）。在孤立无援的情况下，他们不清楚自己应如何应对，更不可能去思考如何改变大环境，因为他们觉得“面对这样一个（不利的）大环境，我一个人又可以做多少呢？”

其次，团队建设有助于增强机构竞争力。团队建设一方面可以培养和增强工作人员对机构的归属感，尤其当一个团队的成员有着共同认定的使命时，他们便会为了完成这个使命而齐心协力地去做事。在一个团队里，彼此有一种“我们”的感觉，为了同一理想共同努力。此外，因为机构目前正处于快速发展期，团队建设有利于培育新团队。老团队可以与新团队分享经验、分享资源。比如新团队可以到老团队所在社区参观设备的摆放方式，观摩工作人员与老人之间的互动以及“快乐老家”的日常运作和管理手法。

团队建设首先是通过工作坊举办的各种相关活动进行的。以下是一些活动的例子：邀请每位工作人员画一幅画，表现自己在机构扮演的角色以及自己为机构做过的事，然后透过分享，让每个人都能确认自己在整个机构建设过程中的重要价值。这样的效果，借用某位受访工作人员的回馈来说就是“我们感觉到大家是在一起的”。然后请一位工作人员，分享自己的感受，其他人对此进行回应，分享自己当时是怎么想的、自己现在的状态是怎么样的，借以加深彼此的了解。又例如，在团体聚会时，邀请每位工作人员走到一位自己欣赏的同事面前，告诉他自己最欣赏他/她的地方，从他/她身上学到了什么，并向他/她表示感谢。

团队建设也可以是其他督导议题的一个组成部分。比如区老师在进行团队年度工作回顾和计划时所使用的主动回顾（active reviewing）的框架就包含了团队建设的成分。主动回顾有四个维度（dimension），就是四个F。第一个F是事实（facts），即回顾活动过程中发生的事情。之前发生了一些什么事情，譬如一些突发事件，当时做了什么来回应这些事情。第二个F是感受（feeling），即过程中参与的人有什么感受，之前有没有把这些感受说出来，包括对一些人的欣赏，或者对一些人的不满。第三个F是发现（finding），即我们学到了什么，发现了什么之前没有留意到的东西。第四个F是未来（future）。当将来再做服务的时候，有什么教训是已经吸取的？有什么需要继续做的？这个主动回顾框架有助于团队建设。透过第二个维度——感受处理工作过程，给予让工作人员分享彼此间可能累积的不满的空间，更重要的是鼓励工作人员表达对同事的欣赏，增进彼此之间的情感互动。另外，在第三个维度，工作人员可发现除了失败经验外，还会回顾成功经验，这有助于增加团队的感情。

还有受访工作人员指出，“整个团队一起做计划，我们整个团队就一起交流探讨，我觉得这个也是团队。每一次的交流都是一次合作的过程，正式的团队建设并非必需的，就是在工作中也能把团队建设起来”。

第三节　与政府部门及其机构（区民政局、区团委、街道办事处）建立工作关系

居家养老服务和青少年服务项目由政府整体购买，区民政局、街道办事处以及济南市基爱社会工作服务中心三方合作。三方的合作关系如下：区民政局负责对服务进行监管；街道办事处配合和监督服务的开展并对其成效进行评估；济南市基爱社会工作服务中心则负责项目的日常运作和开展。因此，处理与政府部门及其机构的关系也是督导的重点之一。

政府部门及其机构对中心有很重要的影响。一是出资方，包括区民政局（居家养老服务出资方）和区团委（青少年服务出资方）。出资方对服务有监管职责，但不直接指导服务点的日常工作。另一是街道办事处。[①]街道办事处和每个社区服务点是工作伙伴关系。每个社区服务点都是和街道办事处共用办公室。工作人员在最初进入社区时也需要借助街道办事处工作人员在社区的人际关系网络接触社区居民和取得社区居民的信任。

总体而言，中心与政府部门及其机构建立了良好、顺畅的合作关系，但由于双方工作目标及任务不同，所以不可避免地会产生一些误解，有碍沟通。其中一个例子就是工作人员如何看待和应对政府官员来参观检查。由于“基爱”表现出众，政府部门都会选择“基爱”作为考察对象。但政府官员的参观检查不可避免会打乱工作人员的日常工作，对工作人员来说是额外的负担。

区老师的督导目标是协助工作人员正面看待政府官员的参观检查，重点让工作人员明白安排参观的好处在于可让他们主动向政府官员传达讯息。比如，为了凸显机构在老人能力建设方面的服务特色，区老师除了指导工作人员将活动照片摆出来

① 街道办事处不是“用人单位”。在深圳模式中，社工服务机构派遣工作人员到用人单位工作。但“基爱”同时既是社工派遣机构也是用人单位，社区是“基爱”工作人员的工作场所，街道办事处作为另一个提供社区服务的机构，是“基爱”的工作伙伴。

给政府官员看，还会让工作人员摆放一些老人的手工作品。再比如，工作人员可以透过老人的表现活动来引起政府官员对服务的关注。有些时候，工作人员亦会邀请老人为政府官员表演节目，如唱歌，这可增加服务对象的自我价值感。除此之外，工作人员还会鼓励老人在活动中分享对中心的感受，以及为中心争取资源。有的老人会说："我们来到这个中心，感觉很好，但是这里的资源又不够，你们领导以后要多多支持。"

图 4－5　中心为老人安排的表演节目

透过以上方式安排政府官员参观可让工作人员看到其好处。在此过程中，他们会意识到自己可以有策略、有计划地让政府官员看到服务真实的一面，以及服务所需的支持。工作人员明白，虽然只是短短几十分钟的时间，但他们仍有可能影响政府官员。此外，以往工作人员觉得无奈是因为他们将之看成额外的工作，但在督导提醒后，工作人员意识到有策略、有计划地安排政府官员参观和与其交流有助于机构长远发展。透过向政府官员介绍服务进展、服务成效及服务理念，从而在政府官员那儿留下一个好“名声”，这有助于未来争取更多的资源；另外，在陪政府官员参观的过程中，工作人员可了解政府相关部门的工作要求，这有利于中心寻找专业服务空间，为中心的发展和社会工作专业的推进争取更多支持。

另一个工作人员需要经常与之打交道的政府机构是街道办事处。工作人员与街道办事处官员的关系是一种合作伙伴的关系。这种工作关系对工作人员在该街道办事处所在社区开展服务十分重要。当工作人员刚刚进入社区（比如做家访）时，若没有街道办事处官员陪同，工作人员很难进入居民家里。这是因为居民不认识工作人员，也不清楚何谓社会工作。另外，工作人员也需要借助居委会的资源了解社区，认识社区内需要服务的人群（低保户、有残疾人士的家庭、老人）及其资料。

针对以上问题，督导的工作内容有以下两方面。针对街道办事处可能令中心工作人员增加工作量，督导协助工作人员在与街道办事处合作时寻求一个平衡点。这个平衡点就是让街道办事处/居委会看到工作人员的善意（中心工作人员可以义务帮忙完成街道办事处交给的一些工作）和能力（有中心工作人员的参与，工作可以做得更好），使街道办事处对中心工作人员有一个好印象。以下两个例子描述了平衡点是怎样达到的。

中心工作人员刚进入社区时，正值全国人口普查。街道办事处工作人员入户调查需要大量时间和人力。中心工作人员便借此机会主动帮忙。街道办事处得到了帮助，也感受到中心工作人员的友善。对中心工作人员来说，这有助于和街道办事处官员建立友善关系，也可以借此机会做家访，向居民介绍自己。另外，街道办事处曾举办一些大型活动，中心工作人员看见街道办事处人手不足便主动帮忙。多与不同政府机构官员合作、多与其在工作上交流，这可以让政府机构官员看到中心工作人员的能力，同时可在合作关系中让他们对社工的角色、职责和任务有清晰的了解。

在督导的带领下，中心工作人员渐渐明白与各级政府部门及其机构的官员建立友善关系的重要性，明白在合作的过程中可以让他们对社工的工作和角色有更全面的认识。与各级政府部门及其机构的官员建立良好的合作关系可促进双方互相尊重，使双方工作进展得更顺利，有利于社区发展的工作。

第四节　协助工作人员提升个案及小组工作技巧

区老师在督导过程中会教给受督导工作人员有关个案及小组工作的理论和技巧，原因如下。

第一，个案、小组、社区是社会工作的三大工作手法，亦是社工需要掌握的。三大工作手法是相互联系、紧密相关的。社区工作包括发动和组织居民参与社区活动，动员整合社区资源及争取外部协助。这些工作都需要用到小组和个案的工作技巧。此外，个人充权是推进社区/社会大环境发生改变的重要力量。

第二，在介入初期，做好个案工作特别有利于让政府部门及其机构的干部和社区人士树立对社工专业的信心。比如负责购买和监管青少年服务的区团委会期待负责青少年服务的工作人员能先完成一定数量的个案以证明自己是有能力的。在区团委官员眼中，做好个案才是真正的社会工作。虽然区老师和受督导工作人员并不同意“个案工作比社区工作更专业”的看法，但由于客观上政府部门及其机构的干部都有这样的想法，因此在策略上应有此考虑。

第三，之前在文献回顾中提及，内地社工教育中实习教育这部分专业性不足，而且社工岗位也有聘用非社工专业本科毕业生，所以无论是社工专业毕业的社工还是非社工专业毕业的工作人员，在实际工作中都会希望督导能进一步教授临床个案和小组工作的理论和技巧。

第四，区老师的做法是在刚进入机构督导时，便与受督导工作人员讨论他们在实际工作中遇到的困难并对之提出实质性的建议。当时并未利用工作坊做系统的讲授和培训有关个案、小组的理论与技巧。直至第二年（2011 年），督导才开始有系统地举办这一类型的工作坊，原因有二：第一年，督导主要处理服务定位、团队建设等方面的问题，虽然工作人员偶尔会忘记能力建设和鼓励社区参与的工作方向，但只要督导或同工提醒便能很快地调整过来；另外，督导发现，每次进行视频督导前会有很多人提出有关微观工作技巧的问题，即使是年资较长的工作人员，也欠缺临床工作的知识和技巧。

区老师主要通过举办工作坊，讲授“知行易径实务干预模式”，然后在视频督导和利用其他形式讨论个案时，运用知行易径实务干预模式的框架，讨论和教授具体的个案和小组工作技巧。知行易径实务干预模式以目标为导向，把服务对象碰到的问题，理解为具有功能性的行为，这些表面上有问题的行为其实都在满足当事者的需要（见图4－7）。了解到这些需要后，我们就可以和服务对象合作制定更有效的策略、找到更合适的技巧以满足他们的需要，让他们无须再依赖过去的问题行为。

图4－6　区老师为中心同工进行活动性督导

简单来说，知行易径实务干预模式的操作，根据下列程序进行：问题→需要→目标→系统学习→达成目标→满足需要→解决问题。我们先找出服务对象问题背后的需要，了解现在的问题与未能满足的需要之间的关系。再根据服务对象的需要来界定工作人员干预的目标，然后设计出服务对象要学习和发展的策略与技巧，当服务对象掌握了这些策略和技巧的时候，他

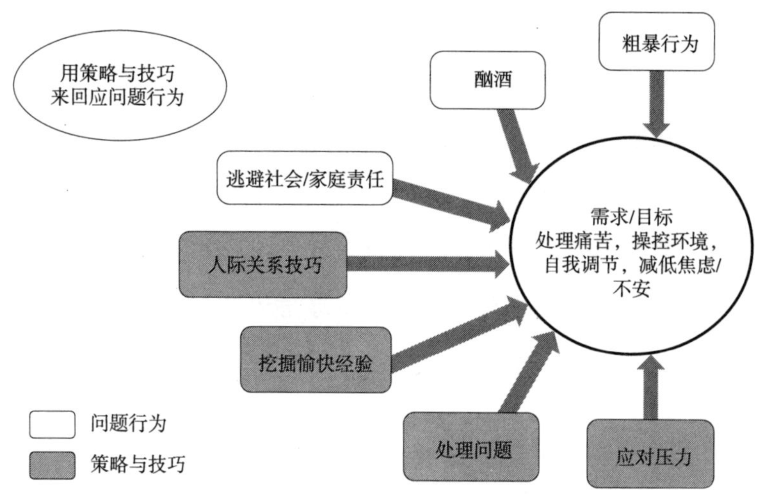

图 4－7　知行易径实务干预模式

们就能有效地达成自己的生活目标，满足自己的需要，也就解决了问题。

通过举办工作坊讲授知行易径实务干预模式的基本理念后，区老师就在视像或实地督导的个案讨论中，引导受督导工作人员运用相关理念去思考个案。比如，强调工作人员关注服务对象的需要。譬如他们会提出小组当中有些比较难应付的组员，或有些服务对象是很积极的，喜欢担当领导的角色，但有时候剥夺了其他组员的发言权，影响小组的气氛。这些都是小组工作中很常见的。督导就此与受督导工作人员讨论处理方法。比如，应用知行易径实务干预模式找出这位“霸道”组员的需要（比如需要的是成就感），然后讨论如何通过其他更有效的途径满足这位组员对成就感的需要。透过个案讨论，督导推动工作人员在实际工作中应用知行易径实务干预模式，并在此过程中加深他们对此模式的理解。借用一位受访工作人员的话来说："（知行易径实务干预模式）猛地一想会觉得很空，但是在具体问题的回馈里面，有用到，就意识到，哦，是应该这样做，就会恍然大悟。"

当工作坊时间许可时，区老师会采用角色扮演的方式教授工作技巧。她会先请受督导工作人员用3分钟描述一下自己的个案，然后该工作人员就扮演个案的"案主"，再邀请另一个同事做"社工"。督导让"社工"和"案主"先谈十分钟，在适当的时候谈话会被暂停，督导会告诉他们在什么地方进行干预。那一刻"案主"的沉默表示他（指案主）在想什么呢？若有录像设备，也可将角色扮演的录像，再播放出来逐点逐点地分析，让工作人员有时间重构案主的谈话，细心聆听每一句中包含的重要讯息。

本章小结

区老师的督导内容包括：服务定位、团队建设、与政府部门及其机构（区民政局、区团委及街道办事处）建立工作关系、协助受督导工作人员提升个案及小组工作技巧。这四个部分并没有明确的督导先后顺序。服务定位和团队建设是计划一开始实施时的重点，而且这两者也是相互影响的。比如带领团队讨论服务定位也可达成团队建设的目标。此外，如何与政府部门及其机构的建立工作关系也是贯穿整个督导过程的议题。协助受督导工作人员提升个案及小组工作技巧是计划实施较后期的工作。当团队已经建立起来时，工作人员之间相互支持、资源共享，区老师开始安排较多时间在个案、小组技巧的教授上。但其实区老师一直与受督导工作人员讨论个案和小组工作进行过程中遇到的问题，只是在计划后期才较有系统地教授理论和技巧。

第五章　受督导工作人员视角下的督导成效

本章从受督导工作人员的角度描述督导的成效，分析每一个督导主题下，受督导工作人员在知识（knowledge）、态度（attitude）和行为（behavior）上的改变。可是，由于改变需要一个过程，且访谈资料可能不够，因此不是针对每一个主题都同时有知识、态度和行为这三个方面的改变。

如前两章所述，由于两位督导面对的是不同的服务类型，面对不同背景的工作人员所采取的督导内容也不同，所以本章也会分成两部分。第一部分描述在吴丽端老师督导下智障人士服务中心工作人员的回馈。第二部分描述在区结莲老师督导下居家养老和青少年服务工作人员的回馈。除了两位督导，本章在引用受督导工作人员的访问记录时皆采用代号代替受督导工作人员姓名。

第一节　智障人士服务中心受督导工作人员的回馈

如第三章所述，吴丽端老师对智障人士服务中心（以下简称中心）的督导按时间可分为四个阶段。第一阶段，督导通过观察机构日常运作，对中心有一个初步认识；通过个别督导与受督导工作人员建立关系；通过教授个案管理，协助工作人员认识到智障学员的行为是如何受环境因素影响的。第二阶段，督导邀请中心相关工作人员前往香港参观学习，协助工作人员整合参观学习中的收获，并将之运用于自己的中心服务上。第三阶段，督导将重点放在中心行政工作、员工管理，以及推动团队分工和合作上，督导亦推动工作人员审视自己的职业理想，要求每一个工作人员写下自己的职业计划并与督导讨论。第四阶段，督导协助中心工作人员尤其是管理层回顾已有成果，谋划未来发展方向。综上所述，这四个阶段的工作，又可被划分为两个层面——中心层面（环境布置、团队分工与合作、行政工作、策略规划）和员工个人层面（知识技巧、职业理想、情感支持）。通过推动这两个层面发生正向改变，给中心学员提供更优质的服务。关于这一点，中心一位老师如是说：

我记得她（督导）当时来的时候就说，我们首先要改变的，不是要改变孩子们，而是要改变环境和老师。这个真的挺好的，我们也明白这个道理，但是确切地要怎么做，我们没有明确的目标。吴老师帮我们明确了。我记得她当时讲了两个方面的改变：一个是环境设备和其他系统的改变，安排得更妥当一点；一个是老师们的改变〔一个

是我们的（知识技能的）改变，另一个就是我们在教学过程中过得快乐不快乐]。（智障人士服务中心副主任 B 老师）

一 中心层面的督导成效

督导在中心层面的工作和要达致的正向改变大致可以分为以下四类：①环境布置；②团队分工与合作；③中心行政工作和人事管理；④中心策略规划。

（一）环境布置

中心的工作人员描述了中心在环境布置上的改变，比如以图片或活动的照片装饰楼梯两边的墙、课室和住宿学员的寝室。

我们中心的环境现在也有了很大的改变。你现在看到的，跟原来的很不一样。比如楼梯两边墙上面贴的画。还有每个教室外面贴的每日教学计划表，教室里的墙报、装饰。家长第一次来到这里，都会说："哎呀！你们这里一看就很专业。"（智障人士服务中心主任 A 老师）

再比如楼顶的空中花园，是 2011 年初中心工作人员去香港参观时受到启发，回来后与吴丽端老师讨论决定后正式兴建起来的。空中花园不仅仅美化环境，同时也是一个针对智障人士的农疗康复项目，学员可以通过劳动锻炼劳动技能、提高认知能力和社交能力。

> 我们去了香港之后，看了很多机构做农疗项目，我们看到的是协康会，还有一个农场的经历使我们很受启发。回来以后我们就和吴老师分享、探讨。所以我们回来以后把空中花园做起来，我们做的是花菜兼种。（智障人士服务中心主任A老师）

> 关于环境设计，我们特别讨论了几次，制订了2011年环境设计计划，里面包括在天台的种植计划，我们起了一个名字叫“空中花园”，在（2011年）2月底开始实施计划；另外，也要对每个楼层的环境以及摆设重新做一下规划，并购买相关设备。（智障人士服务中心副主任B老师）

除了布置环境，每个工作人员都负责一部分区域的清洁工作，以确保中心的环境能时刻保持整洁。

> 吴老师就是说，你看我们这么一个大厅吧，这个卫生一定要搞上去的，以前我们（中心所在的这栋三层楼房）有三个卫生间，不经常冲，特别是男孩子嘛，（上完厕所）不经常冲，就会散发出那种尿味，所以说现在，我就自己给自己定下目标，自己要每天去厕所里，最起码一天

三次到四次，用84（一种消毒液）消毒，因为他们（学员）不懂，我们要去做，一定要动手。（智障人士服务中心工作人员C）

另外有工作人员谈到环境布置是针对智障学员的结构化教学法的一个重要组成部分。结构化教学法是视觉策略，运用环境提示，令自闭症人士可规律性地完成任务。

吴老师帮助我意识到，环境与学员的生活之间的关联性，环境可以给学员在行为习惯上清晰的视觉提示。所以我们的教室，包括（教室）外面，比如说这个课程表，就是结构化教学，给孩子一个明确的（指示），这样孩子的情绪问题就没有那么严重，他知道我下一刻要做什么。（智障人士服务中心副主任B老师）

（二）团队分工与合作

吴老师通过观察中心日常工作和举办大型项目（如家长运动会）的表现，发现中心工作人员作为一个团队其优点是充满热忱。可是，由于团体中工作人员有着不同背景，他们在分工和合作上都有欠清晰。经过吴老师的督导，目前中心工作人员都能比较清楚地说出自己和他人的分工。

老师们现在都能较明确地说出自己的任务和角色。每位老师都可说出自己所带的学员是谁，应该注意学员的哪些表现，应该给学员设计什么课程，自己的卫生区域有哪些。另外作为一个团队，我们每个人都有明确的工作职责。比如我对外的工作以及家长工作，还有中心的管理；B老师带领阳光组学员，并负责课程设计，还有志愿者工作。C老师带领星星组学员，并督导中心卫生；D老师带领彩虹组学员；E老师主要负责外展服务、日间学员的音乐治疗，还有大型活动的主持；F老师负责夜间照顾。（智障人士服务中心主任A老师）

我感觉现在每个同事都比较清楚自己在中心的任务和角色，而且每个老师都很明确自己所带的学员是谁，应该注意学员的哪些表现，应该给学员设计什么课程。（智障人士服务中心工作人员D）

在团队合作方面，中心所有工作人员在每天下班前都会开半个小时的会议，分享这一天中的感受和工作中需要彼此说明的地方（包括心理支持、工作支持等）。

因为每天回来，（和同事）就会聊新鲜的事情、有意思的事情，大家就会分享，有意思的事情分享出来，大家就会笑，工作中遇到的问题也会分享出来，大家也会给建议怎么解决。我根据不同个案的情况，要设计不同的教学内容，同事们也会给我建议。（智障人士服务中心工作人员E）

老师在中午学员休息时间开会讨论，汇报一下最近学员的进展、下一步的工作计划等。主要的讨论包括如何带学员，如何上课。中心主任和副主任会针对学员的各种情况给其他老师进行督导。有时候也会针对一些突发情况做出讨论，比如，一个新学员的收费问题，如何帮助一个经济有困难的家庭，等等。（智障人士服务中心工作人员 D）

我们每天下午开会，就是一个在职培训，我们团队多沟通，多分享。（智障人士服务中心主任 A 老师）

（三）中心行政工作和人事管理

中心主任的优势是具有多年智障人士服务经验，对智障人士服务充满热诚，但欠缺管理知识。所以，督导在中心主任需要时与其一起探讨中心的行政工作和人事管理工作应当如何更好地开展，比如员工的招聘与团队的管理建设。

比如员工的评估，她（督导）会告诉我评估一个员工，他的优势，他的发挥，这些都是吴老师告诉我的。之前我们不会这么具体地去评估一个员工。行政管理方面，包括人事的安排、团队的建设，我也会请教她（督导），她都会给我建议。比如这次她过来，我就跟她说："我要招聘新员工，你可不可以帮我看看合适不合适？"在辅导新员工上，我都会请教她，她会给我一些建议，例如怎么给新员工提要求，提建议，如何带动新员工，怎么做。她也会督导我怎么带B老师、C老师，她都会帮我。（智障人士服务中心主任A老师）

在员工管理方面，中心主任之前比较忽略的一点就是协助员工进行个人的事业规划，并将之与机构的服务水平提升联系起来。督导协助中心主任进行了这方面的思考。

吴老师引导我思考每位员工的事业发展方向。比如C老师她可以作为专业老师中间的业务骨干，B老师他就可以带动服务的发展，那么F老师，她的居家服务，也可以作为（她的）特长。这样就可以达到团队在层次上的提升，每个人在自己工作上能够更加充分地发挥，能够以点（即员工个人水平）带面（即中心服务水平）（智障人士服务中心主任A老师）

虽然督导只是和中心主任讨论人事安排，但是她会观察中心其他老师和工作人员的状态，以及彼此之间的互动状况，并据此做出适当的干预。中心的副主任B老师分享了自己的一段经历。B老师被提拔为副主任时，表现尴尬并感到困惑；一来他的资历并不是最深的；二来当时也没有清晰的关于副主任职责的描述，所以他不知道自己可以做什么。督导发现后协助中心主任根据B老师的特长（思路清楚、善于思考）找到了他的定位（课程设计，协助中心主任进行策略规划）。

> 我是2010年初被提升为中心副主任的，但是当时我特别迷茫，因为我不知道副主任要做什么，A老师也没有告诉我。而且感觉怪怪的，因为我和一些老员工做的是一样的事情，而我现在却是副主任。所以我当时有点退缩，开会也不大发言。吴老师注意到了这个问题，她在第二次督导的时候就问我："我觉得你好像有点退缩，是这样吗？你有什么不快乐吗？"她不仅跟我说，也跟A老师说。后来她就给我定下任务来，就是做课程设计，而且她也跟我说，A老师需要一个人刺激她思考。因为A老师是经验型的，经验比较多，但是需要一个人可以帮她一起进行思考。（智障人士服务中心副主任B老师）

（四）中心策略规划

督导在中心层面所做的工作，就是协助中心管理层思考中心未来服务的策略规划。中心主任A老师表示，在接受督导之前，她认为这个中心的服务已经比同类智障人士服务机构做得好了，当然还想把服务做得更好，但不知从何做起。

> 2009年12月，我们到重庆参加残疾人士长期服务的培训，我和B老师一起去了。当我们分享的时候，我们在全国的同行中算是名列前茅，长期服务的理念是比较超前的，但实际上我们的目标没有像现在那么清晰，接下来要怎么走，我们不是很了解。（智障人士服务中

心主任 A 老师）

经过讨论和思考，目前中心有一个相对清楚的愿景目标，中心正在发展并将继续拓展针对家长的服务。另外，中心将发展成年智障人士服务以弥补山东省内智障人士服务机构在这一方面的不足，亦会探索如何帮助有能力的智障人士就业。中心主任 A 老师是这样展望中心的未来的：

我希望三年后，我们的中心有一条龙服务，从小龄到老年。我的一个规划是这样的，我们要做别人没有做的服务。由于现时全国没有做智障老年服务，因此我要做。像我的孩子，他就属于成年（此处应当是青少年，区别于儿童，因为对智障孩子的服务以对儿童的居多）。我成立这个中心，就是想要让成年的（智障）孩子能够走出家庭，走向社会，这是一个大目标。现在呢，我们想要拓展小龄服务（对年纪比较小的孩子，即对儿童的服务）。另外，对于智力程度不同的学员，我们会有针对性地提供不同的服务。针对重度智障的学员，我们要做休闲娱乐，包括农疗，以提升他们的生活质量；轻度智障的，我们要扶助他们就业。如果正式的就业达不到，我们要做辅助就业，我们要有一家工厂和一个辅助就业的场地。还有一个就是家长资源中心，这个在我们这个领域太缺乏了。我们之前也在做家长工作，但是我们没有形成这样一个规模，把家长组织扩大，服务家长，也没有组织家长的概念，让家长得

到更好的服务。这就是对整个智障服务的规划，我一直都有这样一个梦想。（智障人士服务中心主任 A 老师）

二 工作人员层面的督导成效

督导对工作人员的督导，主要分为对员工知识及技巧层面的督导（教育性督导）以及情感层面的督导（支持性督导）。其中，教育性督导又分共性的（即不止一个受督导工作人员提及的）和个别的（即针对工作人员所负责那部分工作的工作性质，以及该工作人员的某些个人特质两种）。督导初到中心时，就观察到工作人员虽然对工作充满热忱，但是缺乏足够的干预知识和技巧，尤其是中心有一部分服务对象是智障成人，他们的需要（如自理训练、情绪管理、人际关系建立、性教育等）与低龄智障人士的需要不同，这就要求工作人员掌握足够的干预知识和技巧。对于教育性督导的作用和重要性，中心主任 A 老师有这样评价：

> 我们一直寻求这种支持、这种帮助，我们一直希望能找到一个专业的老师可以督导我们。我们中心也有理事会，但是没发挥功能，那些理事都是大学老师，他们搞科研还可以，但是行动……我们的吴老师是实务的督导，她不单有理念的支持，还是实务的督导。像吴老师这样的，真的很少。因为智障服务它比较复杂，它专业性太强了。（智障人士服务中心主任 A 老师）

支持性督导的重要性，用B老师的话来说，就是“(督导)关注我们在教学过程中过得快乐不快乐”，当然督导给予的不只是快乐，还有肯定、鼓励、关怀、信心和同路人的感觉等。下文首先讨论对中心工作人员共性的及个别的教育性督导，然后再描述从受督导工作人员的角度看督导是如何提供情感支持和鼓励的。

（一）教育性督导之共性部分

根据受督导工作人员的回馈，在工作思路和技巧上较有共性的至少有以下三个方面：①理解影响行为的生理、心理和环境因素；②结构化教学；③个别化教学。这三个方面都是跟社会工作及智障人士服务的特点有关的。

1. 理解影响行为的生理、心理和环境因素

受督导工作人员在督导的协助下转变看问题的角度，从原先只集中看表面行为，转变为能够从多个角度探究影响行为的因素，比如个人的生理、心理因素，家庭、中心等环境因素。

> 从前面对学员的情绪问题时只会往吃得好不好这些方面去思考。吴老师教会我们怎样思考得更多，她会问：“学员家庭的关系好不好？会不会学员最近搬家了，需要适应新环境？”让我们学会多角度思考。（智障人士服务中心副主任B老师）

> 吴老师说过，要根据不同的环境、不同的事和物、不同的人去思考。我们要考虑到多方面的原因：一个是环境，一个是人，一个是他遇到什么事。因为影响他的心情，可以有很多方面的（原因）。（智障人士服务中心工作人员C）

负责夜间照顾的F老师举了一个例子。她先是描述了前一天晚上，一个孩子情绪不好，出现胡言乱语等行为问题。然后从家庭关系如何影响孩子的角度陈述了她是如何理解这一行为的。

> 我问他妈妈什么原因，一定是什么原因才有这么一个情况，他的妈妈就说：“礼拜天的时候，他们和一位同事在饭店吃饭。正当高高兴兴的时候，他姑姑就把他接走了，所以他情绪就不太好。原因是他弟弟也在那儿，他爸爸妈妈也在那儿，却只有他被带走了，可能因而觉得家里人都不重视他了。”所以我就跟他妈妈说：“你多陪陪孩子，让他体会到母爱、父爱。”又过了一个礼拜，他（孩子）情绪仍然不是非常好，又过了一个礼拜，他妈单独带他去公园玩去了，回来（中心）的时候我们就感觉他心情特别好。（智障人士服务中心工作人员F）

外展老师举了另一个例子。从学员的生理条件角度，理解他为什么做不出某些行为，这样的理解可以指导老师将训练的步骤进一步细化。

她（督导）教导我怎么去做，怎么带这个个案。当看到学员的某些问题时，吴老师指导我要观察他，细化他的某一方面。比如说，可能我们之前多以语言提示、要求他（学员）怎么做。有时候他把东西扔到地上去，我们会透过说话指示他把东西捡起来，但他不会去捡，就是指令发出了他也不会照着完成动作，我便会为此而着急。吴老师就建议说，“他不会去捡，捡的动作是要弯腰的，他连腰都不能弯，根本就不会去捡的，可能就要帮助协助他弯腰啊，然后他不会伸手去捡，你就要抓住他的手，辅助他完成这个动作，帮他捡起来，然后再告诉他，帮他养成好的习惯”。（智障人士服务中心工作人员 E）

2. **结构化教学**

在接受督导前，中心是没有结构化教学的。工作人员受邀前往香港参访后，认识到结构化教学的重要性，从香港回来后就着手在中心实施结构化教学。结构化教学的内容包括：教室空间的规划、作息时间的结构安排、作息表的编订、工作系统的建立、工作习惯的养成、视觉提示的设计等。其最终目的是通过大量的视觉线索和提示，以及有规律的生活安排，协助智障学员处理外界讯息，参与学习活动，提升他们自我管理的能力。有规律的生活安排，首先从可分组着手：

我们将所有学员分成阳光组、星星组、彩虹组。分组的好处是每个老师带领的学员相对固定，老师有更多的时间和精力来照顾学员，并能够设计适应每个学员的课程。从学员的角度看，分组的好处：首先，每个学员的需求都能得到更好、更多的关注和响应；其次，学员很清楚自己是由哪位老师负责的，自己有什么事情应该找哪位老师。分组上课后，学员已经渐渐建立起上课的习惯，不会走错课室，每个人都能走进自己的课室。而且学员跟老师的关系更加亲密，如果有老师休班，其学生都会等他/她回来上班，学员再次见到他/她的时候就会特别高兴，甚至高兴得跳起来。（智障人士服务中心副主任B老师）

结构化教学的另一个特征是流程固定。学员和老师都能在固定的时间做特定的事情。因此，老师和学员都比较有方向感。

目前中心的流程表分为两种。纵向的（流程）是每一天的生活流程。（周一到周五）每天都有固定的活动。具体内容有：早操、早会、上午课、午餐、午休、下午课、下午茶、接送回家。上午和下午也是不一样的课程，上午注重自理能力、认知能力，以及专注力、集中力的培养，下午注重个人兴趣发展和娱乐休闲。还有一些日常生活的训练是不会单独安排课程的，比如吃饭时要排队、开早会时要搬凳子。横向的流程指的是，周一到周五这五天当中，每天都会有一些不同的侧重点。比如，周一是对周末的回顾，也是新一周的开始；周五则是总结分享，是对这一周中心活动的回顾，同时周五也是住宿学员接回家的时间。这样，在固定的流程里，学员可以把握自己一天和一周的生活方向，就不会感到茫然了。（智障人士服务中心副主任 B 老师）

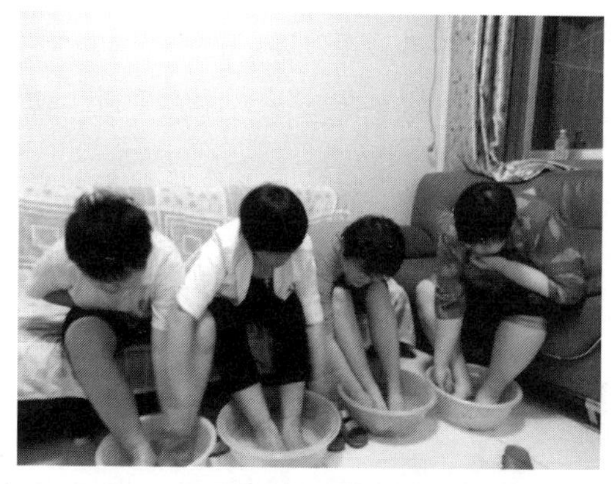

图 5-1　中心为学员提供的日常照顾

另一位老师观察到，这样的训练可以使学员养成良好的行为习惯。

学员的进步跟课程的设计是有直接关系的。比如，早会时，告知大家要搬凳子过来坐，开完会再放回凳子。每天都会重复这样的指令，现在学员都已经习惯了，只要说开早会便会很习惯地搬凳子。（智障人士服务中心工作人员 D）

3. 个别化教学

每个智障人士的能力及其发挥的水平都不同。根据每个人不同的能力及其发挥水平来制订个别化的服务方案，设立能力训练课程是智障人士服务的核心准则之一。中心的几位老师对学员的各方面情况都比较了解。

> 掌握每个学员的特点，有针对性地进行教育和训练，会有意想不到的效果。我们的老师对他们的学员了如指掌。不仅了解学员的家庭情况、致病原因、治理落后的轻重程度，了解学生的爱好特点及适应能力的强弱，还了解学员的语言能力、运动协调能力、主要的行为问题等。建立在此基础上的教育训练才更有针对性。（智障人士服务中心主任 A 老师）

中心负责课堂教学和外展教学的老师都能在课程设计和教学实践中贯彻个别化教学的原则，也即根据学员的体力、理解力、兴趣来设计和举行不同类型和难度的课程及活动。

> 我是根据课程的编排，根据学员的情况，来安排学员的课程。我每天都会记些东西，（包括）孩子面临的困难有很多的，例如就业、社交、行为，还有自我保护、他们的健康状况、他们的兴趣、他们现在的训练（情况）。我有一个表格，包括目标、计划、评估、建议、实施，为什么去服务他（学员）是目标，提供怎样的服务，怎样去

服务，这个实施主要是我们怎么服务，再有就是评定结果。(智障人士服务中心工作人员 C)

（我会）根据他们的情况、他们具体的一些问题来设计外展服务的内容。有的个案，他的身体素质很差，那么训练的侧重点可能就是放在身体机能方面，比如强身健体，包括一些肢体体能方面的训练。如果（孩子）有行为问题，那么就做一些比较安静的活动，大家一起坐下来，有音乐啊，大家听听音乐，然后分享一下，交流，然后画画，写字，（或者其他）他喜欢做的一些事情。还有一些孩子比较容易发脾气，可能就是他感觉很无聊却又没人管他，那就给他找一点事情做。就像有些个案，他喜欢撕衣服，他就是通过这些方式来唤起父母的注意，因为父母有时很少管他们。这样的话我就会找点事情，比如说，领他出去散散步。像这个喜欢撕东西的孩子，我就给他抛抛球，或者让他搬搬东西，又或者跟他说，“你帮老师把报纸拿过来，老师要看报纸”，然后他就帮我拿过来，然后我就说，“你坐好了，老师给你读一篇报道——特别新闻”，他就坐好了，我就给他读，大声地读，当然他也不听了，我就是让他不要乱动。(智障人士服务中心工作人员 E)

（二）教育性督导之个别部分

这一部分描述了督导针对每个工作人员的独有的教育性督

导内容。由于每位工作人员的个性、学习方式及其被委派的任务不同，所以督导对每位工作人员在工作思路和工作技巧方面的切入点和建议也不同。

图 5－2　吴老师为中心同工进行团体督导

C 老师很有爱心，工作投入，又在中心工作时间最长，最有工作经验。可是她在总结归纳能力方面较弱，督导因此建议她把自己的想法记录下来。刚开始时，她有点抗拒，表示自己并不擅长写作。但在督导的再三鼓励下，她还是开始尝试，并从中获益。

> 吴老师对我说，“不管在哪儿，看到一些便写下来，不久慢慢便会积累了一些小知识。这些知识只要你觉得能用上就是你自己的数据”。我说，“是啊，哎呀，我（以前）怎么不这样去想呢？我以前那时候我不爱写，我说出来了，但是我写不出来”。吴老师鼓励我，说我的想法好，写下来才更有价值。于是我每天都会记些东西，为什么去

服务他（学员），这个是目标，提供怎样的服务，怎样去服务，再有就是评定结果。（这样写）对我有很大的好处。我写出这些东西，令我在脑海中有一个很清晰的思路，让我知道今天该做什么，明天该做什么。这一年的计划，我给孩子定一个最大的目标，比如说我给一个学员定一个目标，就是他的参与程度，一开始的时候所有的活动他都不参与，我们今年定的最大的目标就是让他参与到群体中。这个大的目标中还有小的目标，比如你（指老师）怎样让他参与活动，然后参与到活动中你不能拉着他拽着他，要让他很自主地放松自己。因为患自闭症的孩子都是经常在一种很紧张的状态下，我们需要学习怎样让他放松，怎样让他释放。（智障人士服务中心工作人员 C）

C 老师表示，这样做的好处是让自己在工作时思路比以前清楚。

以前的时候我们都是很茫然的，我反正不能那么清晰，虽然有些事情做了，但是我脑海中不那么清晰。现在我根据自己的思路写下来这个东西，我自己就感觉不管做什么，都有一个清晰的思路；不管训练哪一个孩子，我们都有自己的目标，有自己的训练内容，怎么样去服务他们。（智障人士服务中心工作人员 C）

另一个负责教学的 B 老师是社工本科毕业，受过一定的专业训练，且善于思考分析。督导与B老师讨论时多用提问的形式而非像对待C老师那样直接给建议。比如督导曾经让B老师回去思考一个问题：“你觉得自己是老师还是社工?”督导之所以会问这个问题，是因为B老师和督导分享了自己的疑惑：“作为一个社工本科毕业生，学到的那些社工的知识在中心似乎用不上。”督导没有直接解答B老师的疑惑，而是用问问题的方式引导B老师自己回去思考。

> 吴老师曾经问过我一个问题：“你觉得自己是老师还是社工?”她没要我立即回答，要我回去思考。她为什么问我这个问题呢?因为我曾经有一段时间比较疑惑，我也和吴老师分享了，我本科是学社工的，来到中心之后，我觉得自己学到的那些社工的知识好像用不上，我也不想学习特殊教育，觉得那些知识太琐碎了，也有可能是因为不想觉得自己学的（社工的知识）没用，所以也不愿意学别的东西。后来吴老师问我这个问题，后来我也一直在想这个问题。后来我就慢慢地觉得，其实学科的分别不重要，最重要的是怎样服务好我们要服务的人群。如果你现在问我这个问题，我会说，我是老师，也是社工。（智障人士服务中心副主任B老师）

在讨论课程设计时，督导也倾向于提问以及只给B老师一些原则性的建议，其他的就让B老师自己去思考和发挥。

她（督导）问我说，“你们那次来香港，会不会特别快乐，特别兴奋？”因为她看到我们特别兴奋，学到很多新的东西，可以做很多事情。然后她（吴老师）说，“对孩子来说，他们也需要一些机会，让他们觉得生活中有很多快乐、兴趣”。这方面的改变让我意识到，我们要强调快乐，我们的教学设计，都是希望让学生感到快乐。（智障人士服务中心副主任B老师）

我是主要负责课程设计的。遇到如何设计的问题，吴老师不会直接告诉我答案，但她会告诉我框架，比如课程应该包括语文、数学、生活能力，而语文课程又应包括听、说、读、写几方面。她给我们一个框架，具体的要我们自己去设计。因为我们中心面对的人群和香港的机构不一样。这个也是吴老师后来特别强调的，我们在香港参观机构学习到的课程设计的内容，不能完全应用于我们机构，因为我们服务的主要是成人，而香港机构服务的是儿童。所以说，吴老师给了我探索的信心和一个方向，也让我明白不要盲目跟从香港的经验，要多方面理解学员的需要及问题，从学员的需要及问题出发设计课程。（智障人士服务中心副主任B老师）

D是最年轻的一位老师，有爱心，但实际工作经验不足，当她不知如何处理学员的行为问题时，督导建议她把自己当成学员的姐姐，与学员建立融洽的关系。

> 有一个学员上课的时候完全不听我的指令，而且还会跟其他学员打闹，我问吴老师应该怎么办，吴老师建议我在这个学员面前扮演一个姐姐的角色。所以我试着去做，不论是上课或是日常的休息及生活当中，都试着去把她当作一个爱说话又爱闹又想要得到更多关注的妹妹，试着去给她更多的关注和关爱。现在我感觉她已经对我有了更多的信任和喜欢。之前她发脾气，我就完全做不了什么，但是现在她一般都能听我的话了。我觉得可能是她感觉到了我的变化吧。（智障人士服务中心工作人员 D）

负责外展服务的 E 老师遇到的难题之一就是如何打开家长的心扉，与家长建立互信的关系，督导最初给的建议是多倾听。

> 因为家里有这样的孩子，家长也比较自卑一点。有些家长会说，像我们这样的家庭，谁愿意来呀。吴老师给的建议呢，就是要多倾听家长的心声，因为毕竟到访他家里的人很少，很难得有人到访，好不容易逮着一个人，（家长）会使劲地哇哇地说啊说啊，说得几乎都比较重复了，他还是要说，我每次都会听。（智障人士服务中心工作人员 E）

但是家长说得太多，经常重复诉苦，对外展老师来说也是负担，因此督导就建议 E 老师一方面要倾听，另一方面要适时打断。

上次督导的时候，吴老师还说，“我比较担心你是不是受得了，每次都会要听（家长诉苦）”。现在，我要从被动稍微变得主动一些，不能老是顺着家长的意思往下去交谈。我就会说，“叔叔/阿姨你说得对，但是，就是让家长交流一下自己的想法”。他也会认可一下（我的想法）。吴老师也说过不要老是这样（任由家长说）。上次吴老师谈外展，家长就是这样的，如果你一直顺着家长的做法，可能会加重家长的负面想法，会助长他的负面情绪，家长觉得每次都是这样，他的潜意识里会觉得事情就是这样了，不会有好的想法去求转变。经过昨天晚上的督导，吴老师借了一本书给我，我看到沟通方面的技巧，里头教导说要肯定家长的想法，然后来一个转折。（智障人士服务中心工作人员 E）

对负责夜间照顾的 F 老师，督导的建议就是要丰富住宿学员在晚上睡觉前的活动内容。

我以前的工作，吃完饭，看会儿电视，我便教他们，洗个手帕，穿个袜子，把鞋脱掉。吴老师听后认为有点单调，教是应该教的，但需要充实一点。比如说不要吃完饭就玩一会儿便睡觉，要在其中多加上点内容，例如讲个故事什么的。所以有时吧，我就教学员给人按摩，（这样）

> 让学员回到家中，父母看电视的时候他们可以主动给爸爸妈妈按摩。还有就是吴老师教我要让他（学员）自由选择（睡前活动），比如画画、讲故事、唱歌，让他感觉和在家里一样放松，不会感觉像在这里（被）捆绑一样不舒服。因为白天上课对他们来说已经很紧张了，晚上要让他们有一个放松的时候，让他们自己去选择。吴老师督导的这个方面也是我所缺乏的。（智障人士服务中心工作人员F）

三　支持性督导

中心的工作人员基本上都谈到了督导给予他们的支持，但他们所体验到的支持有所不同。有些工作人员体验到的是督导对其身体和情绪健康的关心及体谅。

> 吴老师身上有一种亲切感，就好像别人说我这样，很有亲人的那种感觉。两个人相见就是一种缘分，就好像几千年前就认识那样，感觉距离很近。吴老师这次来，（对我）说，“我这次来，不是来督导你的专业，你的专业我现在很放心。来看看，（自己）要注意身体哦”。（智障人士服务中心工作人员C）

> 就是那一次，她（督导）体谅我能否承认那些东西（反复倾听家长的故事而带来的心理压力），我觉得就可以

归纳到那上面（情感支持）。之前我在济南生活了那么长时间了，快八年了，身边的朋友也很多，可是关心之类的，却还是蛮少的，因为我是那种爱开玩笑的人，就是你跟我开开玩笑，我跟你开开玩笑，很少正面地去聊（心情）。吴老师给我的感觉很像一个妈妈。她会在工作上体谅我们是不是受得了，很有那种关心你的长辈的感觉，很体谅（我）做这个工作的辛苦。（智障人士服务中心工作人员 E）

有些工作人员认为感受到的支持来自督导对他们肯定的态度，看到中心和工作人员每一个微小的进步都会及时给予肯定和赞赏。

吴老师每次来，就算看到我们有做得不好的地方，她每次都会肯定我们做得好的地方。这种肯定的态度会让我们感受到鼓舞。（智障人士服务中心副主任 B 老师）

吴老师常常对我们说，“你们做老师的也不是那么简单的，你们已经做得很好了”。每次听到吴老师这样说，我就感觉很受鼓舞。吴老师就算是要批评我们或者指出我们做得不好的地方，也会先表扬我们，告诉我们哪里做得好，哪里做得还不够好。（智障人士服务中心工作人员 D）

另外有工作人员表示，督导对他们工作的支持，对智障人士服务的热情，使他们有与督导是“同路人”的感觉，这种感觉就是对他们最大的支持。

> 情感上的追求，都可以在事业上发挥得很好，这就是情感上的支持。吴老师这个人，我感觉她平易近人，所以好多的事情，我都会跟她一起分析，也从她那里得到好多帮助，她给我大大的鼓励。（智障人士服务中心主任A老师）

> 我在和吴老师的相处中也处处能感受到吴老师的热忱，她有非常丰富的经验，她每次来中心，都会对我们有很严格的要求，我们能感受到她也很想把这个中心做好，我们觉得她是一个同路人。（智障人士服务中心副主任B老师）

> 我感觉吴老师就是从内心出发督导我们，她不会放过每一个细节，也不会忽略一个细节、一个小小的动作、一件小小的事情。学员的一个小动作，她都会注意到，然后教我们老师怎样去引导他。我觉得吴老师看事情特别敏锐，因为明明是我们（老师）整天和学员在一起，吴老师却能看到我们看不到的。工作上有些事情我不太会处理，吴老师就会很严肃地跟我说，对待这样的孩子要教育，要把这当成一件事情，认真地告诉你，认真地要求你怎么去做。我就感觉这位老师，她是真心地对待工作，对

我们也认同了，所以她才能这么严格地用各种方法来教导我们。（智障人士服务中心工作人员 F）

四　中心工作人员自我效能感和专业能力自我评价之改变

中心工作人员分别于 2010 年、2011 年、2012 年填写了同一份量表，目标是检视他们在自我效能感及专业能力自我评价方面是否有所变化。结果如表 5－1 所示。

表 5－1　中心工作人员（A－F 六位老师）自我效能感和专业能力自我评价之改变

单位：分

	2010 年	2011 年	2012 年
A 老师			
自我效能感	49	52	51
专业能力自我评价	24	24	26
B 老师			
自我效能感	47	48	47
专业能力自我评价	23	24	23
C 老师			
自我效能感	40	51	52
专业能力自我评价	24	30	26
D 老师			
自我效能感	不适用	45	42
专业能力自我评价	不适用	20	19
E 老师			
自我效能感	不适用	46	44
专业能力自我评价	不适用	20	24

续表

	2010 年	2011 年	2012 年
F 老师			
自我效能感	32	43	45
专业能力自我评价	23	22	25

由表 5－1 可知，在这三年间，中心工作人员在自我效能感和专业能力自我评价这两方面都有明显进步。比如，F 老师的自我效能感得分由 2010 年的 32 分增加到 2011 年的 43 分，2012 年继续增加到 45 分。有个别工作人员（如 D 老师）在自我效能感和专业能力自我评价这两方面都略有退步（分别是 3 分和 1 分），不知是否测量手段引起的误差，还是的确有所退步，未来研究将会进一步探究督导对工作人员自我效能感和专业能力自我评价这两方面的影响。

第二节　居家养老和青少年服务工作人员的回馈

以下的回馈内容按照第四章的四个督导主题排列。除了受督导工作人员对服务定位、团队建设、与政府官员的关系、个案小组工作技巧这四部分的督导效果进行回馈之外，最后一部分描述了受督导工作人员从其他方面对督导效果进行的评价，以及受督导工作人员从整体上对督导作用的理解。

一　服务定位

（一）对服务定位有明确的认识

通过工作坊的学习、讨论及督导在日常工作中的提醒，受督导工作人员都已将机构的使命和目标铭记于心，在访谈中都能清楚地说出来。

> 在区老师（过来督导）之前，其实并没有特别明确的整理。（区老师来了之后）我们才有了很明确的机构的使命、价值观，包括机构的愿景。（机构总干事S）

> （区老师）来之前我们会秉承社工的价值观和黄先生跟我们讲的一些，比如一定要服务弱势（人群），一定要做服务，一定要和服务对象一起，但是都是比较抽象，有点空和大，我们也会有一点理念，S姐（机构总干事）也会和我们讲一些理念，但是不会有一个清晰的目标……我记得区老师来的一次，用了一天的时间便帮我们一起协商订出机构发展的方向是居家养老的服务项目。后来又来了一次，协助我们订出两个机构的工作目标，一个是促进服务对象的参与，第二个是建构互敬和谐的社区，每个项目都会贯彻机构的这两个目标。那我们青少年（服务）可能还有一个（目标）就是关注青少年发展的需要，包括青少年的身心成长和发展。（青少年服务工作人员A）

有一位工作人员是这样描述自己对机构使命的认识是如何改变的。刚开始在机构工作的时候他觉得工作人员就是做个案，做小组，被服务对象“依赖”。经过区老师的督导，他修正了以上的想法，在目标中加入了对服务对象的能力建设和社区的可持续发展，明白了工作的最终目标是把服务对象组织起来，以及帮助社区里其他有需要的人。

> 我一开始来（机构）的时候是在做微观（层面）的工作，（我觉得）社工就是做个案，做小组，在区老师的督导下也知道我们机构的目标。在最近的一次督导提出了要建构和谐社区，增强社区参与，就会有这样一个大的机构目标。我是从区老师的督导中体会到专业社工是干吗，专业社工应该是这样的，他是在帮助弱势的社区，但是不会一直帮下去，他希望他们（指服务对象）达成自助，可以达到一个可持续性的发展，一个可持续的自我能力的发展，使他（指服务对象）服务其他人。若一个社工一直在服务一个人，一直在服务，那么这个社工就不是一个社工，就叫做保姆了。在最短的时间能达到他们（服务对象）能力上的建设，然后培育他们持续地服务其他人，这样就建成了一个可持续发展的、和谐的社区。当我们社工走了之后，这个社区仍然是很好的，这就是一个非常好、非常称职的社工。（青少年服务工作人员 B）

我们（以前）觉得这些老人怎么办呀，天天都这样，很依赖呀，但是（看到区老师的例子）之后，我们在想是不是我们做到四年、五年之后，我们只要给这批兴趣小组的老人提供一个场地，他们便可以自己宣传自己，邀请其他老人来，有什么问题的话，可以和他们交流，他们就可以帮我们，可以建立一个互相关怀的社区。（老年服务工作人员 A）

图 5－3　中心组织的老人康乐活动小组

（二）根据服务定位制定工作目标，使工作有方向感

经过一段时间的实践，受督导工作人员认识到了机构使命和目标的重要性。受督导工作人员表示督导前的状况是有点混乱，但在督导协助下明确了服务定位，工作人员感到工作有了清晰的方向。

当时（督导前）我们不管是做居家养老还是青少年，都是在和政府接轨的一个过程中。然后在这里，我们就很疲惫地应付政府的一些事情，对自己的方向没有把握，然后和政府的关系都弄不清楚。当时来说，整个团队是处于一个混乱的状态。（老年服务工作人员 A）

我觉得大家对以后的工作可能更明确了。之前我在舜玉实习的时候，那个项目（应是居家养老）也是刚刚开始，我和那个项目算是一块儿成长的，大家也都是在探索的阶段，感觉大家都在摸索，怎么去做，怎么做更好。现在（有督导）一年多了，大家都有一点点成功的经验，感觉比以前更知道自己应该怎么去做，更知道这机构以后发展的方向是什么样子，就感觉比以前更清晰。（老年服务工作人员 B）

清晰的方向感来自根据机构服务定位所制定的工作目标，机构的日常工作就是要达成这些目标。

我们原来写的小组活动策划书模板没有仔细列出这个活动到底有几个目标。因此，在最后评估的时候，我们也不知道怎样去评估，到底（这个目标）达成了多少。区老师让我们每个人为自己负责的项目编写一份活动计划书的模板。她（区老师）帮我们仔细列出一个一个目标，她不可能替我们将所有的目标都细化，但是她会在我们的计划书里选一点，然后告诉我们计划可分成几部分，可以用什么评估。她就用这么一点，然后让我们学会了怎么把目标细化，怎样针对整个目标去评估。有感她把我们之前写活动策划书时的盲点都给纠正过来了，我们自己也比较清楚，在后期的检测过程也感觉比较清晰。（老年服务工作人员 A）

而明晰自己工作目标的好处，正如青少年服务工作人员 A 所说的，“把握了大方向就能清晰地做下去”。

这两个目标（促进服务对象的参与及构建互敬和谐的社区）虽然都很简单，但都会带着一个社工的理念在里面，而且大家会有共识，讨论问题的时候就知道要强调这两点，在制订计划的时候都知道要放入什么（活动）以迎合这两个目标。而且我们在很多活动设计和服务中，甚至包括在给志愿者和实习生做总结时都感觉到这个目标的重要性，他们（指志愿者和实习生）把握了这个大方向的时候就能很清晰地做下去。（青少年服务工作人员 A）

同时，让工作人员明晰工作目标，也有利于机构的日常运作和项目的执行。

之前当你（“基爱”）规模小的时候就没问题，比如说你（“基爱”）只有 4 个人，都在同一个居委会，大家面谈交流的机会比较多，会比较了解日常的一些东西，那

> 就不会存在很大的困难（明确每个人的工作目标）。问题是你现在签下来的项目越来越多，你的人员越来越多，那势必会带来一个很大的障碍。你不可能做到所有的点，你不会像第一点那样去投入那么多，所以你就必须让他们去学会怎样把握（工作目标）。（机构总干事S）

（三）在日常工作和活动项目中体现服务定位

受督导工作人员描述了“服务对象能力建设”和“服务对象参与社区”是如何在机构日常工作和活动项目中体现出来的。

> 比如所有（工作）计划和安排，我们会强调服务对象参与。服务对象参与就包括发挥他们的作用。在所有活动和计划里都有很重要的一环，就是促进服务对象的参与。在整个项目规划里，我们也会有一个大目标，就是构建和谐互助的社区。我们会强调社区、学校、家庭和家长间的联系，就把他们全部放到这个项目里面，整个社区自身是能够相互合作的。（青少年服务工作人员A）

> 我们天天讲服务对象为本，但是我们可能忽略了服务对象，好像他们一直处于被动的状态。我们的服务站曾经与一个艺术团的老人建立了关系。随着关系逐渐深化，我们就遇到了一些瓶颈。当我们转变以往的思维模

> 式，便更主动地跟一个老人，慢慢地两个老人，或者是一部分老人，最后是全部的老人交流。这样一点点地扩展，与他们一起去想怎么解决问题。那么，思考的主体就不单是我们自己了，我们可以（和老人们）一起思考，大家一步步设想，这个可行性有多高，那个可行性有多高，最终达成一个问题的解决方案。（老年服务工作人员 B）

（四）服务定位有助于机构的对外推广

对于机构的总干事来说，明确机构的使命和目标除了有以上好处外，还有另外一个好处，那就是有了清晰的定位能有助于机构的对外推广。

> 说白了就是你去介绍你的机构或者你去推广你的机构，当然都是会有一个比较明确的东西，可以使大家一看就一目了然，而不一定要说其他很多的话，因为那样的话你的点会很分散，别人也不一定会记得特别明确。（机构总干事 S）

> 我之前做居家养老嘛，其实政府之前有居家养老，但是它主要是找一个家政公司，然后给她们一笔钱，让她们派家政人员去做用户的工作。如果你现在把这个项目给社工去做的话，一方面是我可以更有针对性地服务那些所谓

> 的高危老人，或者是你们认为有特别照顾需要的老人。我们会有一套很完整的个案管理的方案，那这里面就不仅仅是家政。我们会整合很多的社区资源去帮你做好这个照顾服务。另一方面，其实我们会有很多中心活动和大型社区活动。其实我们都希望可以在社区里面增强那种邻里互助。另外呢，我们也希望在其中可以有更多的老人能力得到建设和发挥。若我们现在这个服务项目做得好的话，我们就帮你们稳定了社区嘛，还可以减少你们很多的投入，因为我会动员那个社区的资源和力量去帮政府做很多的补充。那这个肯定是家政公司做不到的事情。那它（指政府）就会觉得，噢，其实这个部分也是很不错的。那它就会考虑下一个合作机会。(机构总干事 S)

（五）明确服务定位有助于增强团队意识

带领整个团队寻找服务定位的过程和当整个团队有了清晰的目标之后，团队意识同时地就增强了。就像机构总干事在分享时提及的，机构工作人员分散在不同社区里，面对不同的状况，用什么方法来整合整个机构呢？显然，这并不关乎是否有统一的工作模式和工作方法，而是关乎是否有一个共同目标、共同理念。另一位工作人员也表示，有共同目标的时候更像一个团队。

> 区老师在整个督导过程中很强调我们对团队的认同、理解，而且她一直很强调我们每个人能否很清晰地知道我

们这个团队的理念、发展方向和一些要求。我觉得这一点其实也是挺重要的。因为毕竟对我们这个团队来说，我们实际上十分分散，分散在不同的单位里面，即使都是做长者的服务，也很可能是要有很多不同的东西在里面，所以你其实没有办法要求所有人都按千篇一律的模式和工作技巧，往一定的方向去做。那你要用什么样的东西去整合这个团队，让大家有一些相互的支持，并且能感觉到是一个团队在工作？可能有一个共同的认同的方向，有一些大家认同的理念会更为重要。在过去的一年里（机构）不断地有新社工加入，所以她（区老师）每次也是很强调这个部分。（机构总干事 S）

大家都有一个共同目标的时候更像一个团队。大家努力的方向是一致的，大家都知道是朝那个地方走的。（督导来之前）经验比较少，人员比较少，当时就感觉像是在探路似的。（老年服务工作人员 B）

区老师另外还做了很多团队建设的工作，下一部分会有更多工作人员对团队工作和团队归属感做分享。

二　团队建设

（一）增加团队互动机会，拓宽团队互动渠道

每一次的视频督导和实地督导（工作坊）成为机构工作

人员聚集在一起的缘由。如果没有督导，便减少了整个机构工作人员聚会的次数。

图5-4　马教授为山东省的社工演讲

我们团队现在很分散。你看到的，我们三个，加上对面办公室的三个员工，然后其他的项目都有自己的办公室。我觉得督导这个形式本身就是我们团队聚会的方式吧，我们团队聚在一起的机会本身不是很多。（老年服务工作人员C）

区老师到来前，同事我们是在一起的，我们都是在旬柳，所以支持蛮大。区老师来的时候刚好是项目拓展期，变成每个点（社区）上由两个社工负责，大家都不在一起工作，（工作）内容也不一样。区老师如果不来，我们所有的人是见不到面的，她一来大家都要在一起，然后她（区老师）又做了一些团队建设。（青少年服务工作人员A）

图 5－5　督导工作坊

除了上面所说的因督导培训而聚会外，分散在各个社区的工作人员在日常生活中主要是通过网络聊天室互动的，所有工作人员都聚集在这个聊天室，在聊天室里既讨论工作中遇到的具体问题，也会宣泄情绪及彼此提供情感支持。

> 在聊天室里面聊天，就不停地刷屏、聊天。每天的生活、工作、互动，那个页面是不停的，大家都说没看到过一个群是这么热闹的。（青少年服务工作人员 A）

> 大家有什么压力啊，情绪，都可以在里面发泄、分享。就是你遇到什么困难，就进去聊聊，大家就可以很明显地看到。很多时候，一开始情绪不太好，然后到最后大家都会很开心。觉得有个后盾，有个很强大的支持力量。（老年服务工作人员 C）

我们平常还有一个同事群。我们哪方面遇到困难，或者在工作进展上，都会上传一些数据，给大家共享，也会上去沟通啊。（老年服务工作人员 D）

有些工作我们也得通过聊天室，因为若我们项目点不一致便会出现问题。我会问我们 S 姐（总干事），也会彼此讨论大家点上的问题，有些（负责）居家养老项目（的社工），他们彼此之间的联系更多，也都会在聊天室里面交流工作。（青少年服务工作人员 A）

（二）增加团队情感支持

有工作人员这样形容自己所感受到的情感支持：“你会感到有一家人在支持你，你不会感到自己在单枪匹马地作战，心里面感觉会很勇敢。”另一名工作人员说，“来到这个团队之后，开心了很多”。

我觉得这样可以让大家觉得自己背后有一个很大的团队在支持自己，虽然每个点（社区）之间有一定距离，但你不会觉得每一个点只是两个社工在做，而是有很多人在支持你，我们取得了一点点成就便可以在聊天室里面共享，告诉别人我们今天的收获，哪怕与老人出现了一点点摩擦，我们也与同工分享，你会感到有一家人在支持你，你不会感到自己在单枪匹马地作战，心里面感觉会很勇

敢。(老年服务工作人员 B)

整个团队的气氛很好，我来到这个团队之后，开心了很多，同事们都很有活力，有些人很幽默，我都被感染到了。(老年服务工作人员 C)

(三) 增加团队工作支持

工作中遇到问题时，同事总是能提供尽己所能的支持。他们把彼此称作“同工督导”。

我们都把区老师当作我们的加油站。其他的同事，我们都称为（称呼彼此）“同工督导”，彼此去分享问题，出现了问题该怎么办，跟S姐谈，跟同事谈，然后自己再反思，包括我们第一次带小组活动，都是与同工分享，总结经验，再慢慢摸索出一套方式。现在最大的支持还是同事，出现什么问题，或者有什么困惑，或者有什么情绪，都是与同事分享和解决。(青少年服务工作人员 A)

我遇到困惑的时候，或者是说没有方向的时候，S姐或者各个点的同事都会积极帮我想办法，他们会毫无保留地与我分享经验，我觉得这个团队真的是没有任何的保留，就是你有多少力，你就出多少力，并且是无怨无悔。(老年服务工作人员 D)

> 并不是做青少年服务的社工才能给我帮助的，像做老年服务，或者其他，有时甚至是服务对象都会给你很好的灵感，让你找到一个适合的方法去做服务。（青少年服务工作人员 B）

比较特别的是机构总干事的分享。在督导之前，总干事习惯一个人包揽许多工作；在督导之后，总干事开始懂得把一些原先她独自完成的工作（项目整体的策划、筹备）转为带领整个团队一起完成，这也是团队工作的体现。

> 从那以后我都希望他们在服务项目上有更多的参与，比如说一些策划、项目整体的一些筹备。在此之前基本上是我一个人把工作完成。但是从那之后，项目策划书都是我们大家一起完成，当然我的经验较丰富，能更宏观地把握状况。但她们其实也有能力去做这些事情，而不一定完全需要由我代劳。这反而变成我们可以互相支持，这样我们觉得那个项目可以有更好的发展。（机构总干事 S）

三　与政府部门及其机构（区民政局、区团委、街道办事处）官员的关系

（一）对待上级部门检查，化被动为主动

接受督导之后，工作人员的态度从被动变为主动，从怀着负面消极情绪变为主动去说服政府官员。

政府与我们互动时表现主动，以前我们都是抱怨政府管我们太多。（政府官员）不是来参观就是做面子工程，做很多无聊的事情，我们一直都在抱怨。她（区老师）对我们影响很大，区老师说，政府也可以是我们的服务对象，你可以主动和他们（政府官员）谈一些社工理念，第一次你不可能完全让他们（政府官员）理解，但是你可以慢慢地来，每次给他们（政府工作人员）介绍一点，我相信他们会有改变。（青少年服务工作人员 A）

我经常会和我们的出资方（指区团委）见面的。以前是很有情绪的，觉得又要和政府应付。现在就觉得，噢，他们（区团委官员）也是我们的服务对象，这样也会主动点，也在心里默默地说，我是来给他（区团委官员）传播一些理念。（青少年服务工作人员 A）

接触不同的领导（时），其实你都是在推广，社工是一个怎样具体的工作，和政府的什么部门有契合，那他们就比较容易认同这个服务是有效的。（机构总干事 S）

工作人员还特别提到了督导是怎样通过“身教”示范如何以一种主动的态度面对政府官员的检查。

有一次，我们在督导的时候正好有领导进来了，要是其他老师就会回避的。但区老师走过去主动地告诉这个领导我们的项目是什么、我们社工的理念是什么。她会示范让我们知道在面对政府的时候也可以有一个主动的姿态，这个印象很深刻。(青少年服务工作人员 A)

受督导工作人员也开始用实际行动影响来检查的政府官员，比如，在政府官员参观时安排服务对象为其表演节目，而不是由中心工作人员表演节目。

我们和区老师经常讨论的是与其很被动地去接受检查，不如你主动地把握那个机会，可能来得会更好一些。检查是我们没办法避免的，因为你不能告诉政府说不接待他们，就是你必须要接待，那你就要好好表现，或者是说你期待政府去了解什么，而不是政府想要你给他们看什么。所以这也是为什么今天政府要让出节目，以前他们说唱歌就唱歌了，跳舞就跳舞啊，但是现在不同了。因为我希望政府看到的是我们的服务可以被认可，我们的服务是有成效的，而不是我的社工是什么多才多艺的。(机构总干事 S)

中心工作人员的改变带来了某些政府官员态度的转变。某位工作人员描述了一位政府官员是怎样渐渐地愿意主动去了解社工是什么，也了解了更多有关社工的专业知识。当然，这名工作人员也强调，这种转变的发生需要一个较长的政府官员和中心工作人员一起工作的过程。

我们出资方（指区团委）里面有位副书记，他是主要的领导人。当然，他还有很多官方的事情，但是他现在知道一些有关社工专业的方法，他会借我们的社区工作的书看。他说，“我觉得你们的专业手法真的是值得去看一下的”。他经常过来，看我们在做什么，我们会告诉他我们用了什么手法，为什么用这个手法。（社工）会仔细地向他解释背后的一些社工专业的理念，为什么我们要入户（探访）？为什么我们要做评估，了解服务对象的需要？通过了解需要我们又做了什么？这是一个长期的过程，因为从项目一开始做，他（区团委副书记）就在跟着我们，看我们在做什么。（青少年服务工作人员 A）

还有一位工作人员指出，要从政府官员的需要出发，满足政府官员的需要，但是政府官员的需要和机构的目标以及服务对象的需要有时是互相矛盾的，所以工作人员还是需要找到一个平衡点。

区老师给的大方针是这样的，政府有政府想要的，我们就可以给他们，那我们的目的、目标是什么？我们可以借满足他们想要的得到我们想要的资源。我们经常要和政府打交道，他们也经常问我们要活动的相片和活动的总结，（因为）他们要发新闻报道。但是（社工）不会全部满足他们（政府）。如果全部满足的话就可能会（和机构本身的工作任务）产生冲突。因为（按照政府的要求）

可能服务到的不是最有需要的人。比如政府为了应付检查，需要一个所谓的声势，而最有需要的人是社会上生活最恶劣的也不是掌握最多资源的人。如果有钱或者有社会网络的人，也不会来接受我们的服务，但是这些人（底层，最有需要的人）恰恰是最没有影响力的，政府可能因而不关注他们。（青少年服务工作人员 B）

（二）与街道办事处官员的伙伴关系

街道办事处是内地基本城市化的行政规划，隶属市辖区、不设市辖区的市，辖下有若干社区居民委员会。“基爱”的居家养老和青少年服务点都是借用街道办事处的办公场所，同时中心工作人员也需要在街道办事处官员的协助下才能更有效率地进入社区，尤其在社工服务开展初期，当居民普遍对社工比较陌生的时候，中心工作人员与街道办事处官员建立良好的关系对于居家养老和青少年服务点开展工作而言很重要。

受督导工作人员指出，在区老师的引领下，他们逐渐与街道办事处官员建立起合作伙伴关系。一方面，抱持一种“你我是平等”的心态，而不是“我来求你帮忙”的心态；另一方面，追求“双赢”。

我觉得面对他们的时候，比如你说话、做事上，我们和他们是对等的，是平级的，不能让他们觉得你是他们的

下级。因此，我们在寻求一些资源的时候就要说明对他们的好处，以及对我们来说双赢的好处。（老年服务工作人员 D）

而在面对街道/居委会推过来而又不属于中心工作人员工作范围的工作时，中心工作人员接受和拒绝的标准是衡量该工作与服务对象的关联性。如果和服务对象相关且不太超工作量的，中心工作人员应尽量接受，否则就只好拒绝。

我们现在就是，有些可以推的还是推啦，虽然他们（街道）会不太高兴，但是我们还是要推，因为我们自己的工作量也很大。在保持友好关系的前提下，如果是不触及原则性的问题是可以协调的。其实我们共同的目的都是一个，就是为服务对象。（老年服务工作人员 D）

当然就是和服务对象直接相关的那种，我们就不会拒绝或者怎么样。但是如果是太行政化的，我们本身有工作量要求，确实是没有办法。（老年服务工作人员 C）

综上，经由督导和受督导工作人员的努力，中心工作人员与各级政府部门及其机构官员的关系都有一定程度的改善，中心工作人员在心态上和行动上都有不同程度的改变。但中心工作人员同时也提到改变是有限的，影响政府部门及其机构的官员并使其改变态度是一个长期的过程，而且主要还得靠中心工作人员自己来做工作，督导只能给出一些指导意见。

> 我觉得我们要尽量做得更好，这样我们有话可（对政府）说，我们都做了些什么，而不是只是一直在发展社工，社工却没有什么成绩。我想，如果我们能做出成绩，就能影响到政府（发展社工的）政策的制定。（青少年服务工作人员 B）

> 那区老师也会给我们一些指导性的意见，毕竟内地的体系，和香港是不一样的，我们还是要靠自己去解决。（青少年服务工作人员 B）

四　个案、小组工作技巧

（一）运用知行易径实务干预模式理解案主问题背后的需要及制订相应干预计划

在第四章中，区结莲老师谈到了如何帮助受督导工作人员系统化地去学习知行易径实务干预模式，受督导工作人员分享了自己是如何在实际工作中透过服务对象的问题看到他们问题背后的需要。

> 上一次吧，在上一次的视频督导的时候，是青少年服务社工 B 的个案（服务对象）。我们一起聊的时候，他（青少年服务工作人员 B）一直很困惑的是（个案服务对

象）有网瘾，（个案服务对象）不想出门，青少年服务社工B就说，“我的建议就是让他（服务对象）不要一直在计算机旁边，能够出去看一下”。区老师问：“那这是你想的还是服务对象想的？”青少年服务社工B就说，“这是我认为的”。区老师就说：“那你有问过服务对象是怎么想的吗？”当时我们两个人都觉得，哇，对呀！当时我们也觉得服务对象可以离开计算机，出去一下，区老师就直接问在服务对象主观的价值观里他是怎么想的，他喜欢上网背后的需要是什么，我们只要一问问题，她（区老师）就会问，那你觉得服务对象背后的需要是什么，就一下子带我们从问题往需要转了，这就是知行易径里面的概念，她（区老师）就会很强调要先看需要，从需要的角度看看怎么满足服务对象的需要。（青少年服务工作人员A）

受督导工作人员还比较了本科学习和实习时对评估需要的理解与经过督导之后对需要的理解。

我们的课本里面有需要评估的篇章，但是（只是讲）需要评估是一个流程，怎么去做需要评估，它不会告诉你这个有多重要，为什么要这样做。比如说，你接到个案要评估需求，我们就只知道说，哦，要做需要评估，但是不知道为什么要这样做，什么时候做，怎么分析，或者怎么去做。（青少年服务工作人员A）

> 因为之前自己是没有做过个案的，没有（做过）长时间（的个案），以前的个案都只是“调查型”的。个案的整体思路，包括从需要评估一直到最后的总结，这个目标很难把握的。就是说我和个案要共同达到一个目标，或者说是协助个案达到一个什么样的目标，因为服务对象有需要嘛，我们就得说明他们怎么实现这个目标。在这方面，之前没有做过，我是没有什么经验。（青少年服务工作人员B）

最后，受督导工作人员也指出，希望督导能继续通过分析个案，帮助工作人员加深对知行易径实务干预模式的理解。

> 区老师的话，还是那个知行易径的模式，区老师讲得很慢，她会很仔细地，就需要这个词跟我们讲了一个工作坊，之后她又讲了一些东西，你看她不来我就会忘掉的，她会通过案例和我们的问题，把我们带到这个模式里面去，所以我就蛮期待她把知行易径的模式能够再多讲一些。（青少年服务工作人员A）

（二）运用优势视角处理“问题”个案

有工作人员提到从督导那里学到了优势视角（strength perspective）。除了看到服务对象身上的问题，也要看到服务对象的优点。工作人员在处理小组中一些产生较多问题的组员时运用了优势视角。

> 我们兴趣小组的一位组员，（他）是那个小组的领袖、领导者，他可以为这个小组带来很多好处。可是，他有时候会蛮不讲理。但其他组员都可以理解他的那种脾气，都觉得他的本性是善良的。他可能在语言、行为上是粗野的。而我们就是拿他很没有办法，我们不知道怎么才能和他相处下来。我们有段时间和这个服务对象闹得很僵。有一次，我们专门抽了时间和这个服务对象还有其他几个老人坐在一块儿谈。然后区老师就教我们认同他，换一个角度来看他。我们这个服务对象是好的。然后我们再看那个服务对象，他有给其他组员、这个小组带来好处的，那么我们在和这个服务对象的接触中，就会放松一些。(老年服务工作人员 C)

（三）自我觉察

在助人过程中，与把握服务对象的需要同样重要的，是如何自我觉察到工作人员本人的需要，是否对服务对象的理解和服务计划的制订造成干扰。关于自我觉察，工作人员谈到了两个例子，其中一个与上述知行易径实务干预模式有关。有工作人员分享了自己是如何在督导的提醒下觉察并厘清自己的需要与服务对象的需要。

目标不能是我自己说了算，要看对象的需要，他能与我们协商可以达到的目标。比如说通过打架来显示我自己很有能力一样，但这是不被社会认可的，我希望他不要打架，但是对他来说未必马上就能改，或者说，喜欢打架，在某些情况下并不见得就是坏的。(如果从我的角度出发，要他不要打架) 原来是我自己想要一个成就感，我希望他 (案主) 的行为符合社会规范。(青少年服务工作人员 B)

你是去服务呢，还是你的服务对象被服务呢？如果说，“啊，我有这样一个小组，你们来参加吧”，那他们是自己来的？还是你拉他们来的，他们有没有这样的需要呢？可能他们只是“被服务”了，这也就是区老师所说的，社工只是在满足自己的需求，“你看我有多专业”。(青少年服务工作人员 A)

居家养老服务的工作人员分享了自己是如何在督导者协助下自我觉察自己对老人的偏见（即认为老人是依赖他人和没有希望的），以及警醒自己的偏见对服务对象可能造成的影响。

我记得有一次是在舜玉督导的时候，区老师给我们出了一个开放式的题目：现在想象当你活到 75 岁，你希望你生活的社区是什么样子的？当时我做了很不好的一点，其实之前我没有做社工的时候也是这么想的，我只想活到我能自理的那个年龄，我当时脑子里面就只想到那么一点，我说我不会给自己的儿女增加负担。区老师让我们分享，分享之后区老师就提到了一点，社工的一言一行很容易给服务对象一个暗示，尤其是对一些比如说临终的老人。当时我会觉得，其实可能是我不经意的，我自己的脑子就是这么想的，我没有想过影响会那么大。但是作为社工，因为你所接触的人，都是一些相对来说在某方面可能比较弱势的人，你在他面前尽量平等，但是社工是一个带来希望或者说指引的人，所以社工的一言一行很容易在不经意之间传递给他们，所以说很不经意的一言一行很容易导致一个不小的错误。(老年服务工作人员 B)

五　其他督导成效

除了以上四个督导主题，受督导工作人员还谈到了其他督导成效。比如有工作人员表示，督导的个人经历使她明白要完成一件事需要很长时间，使得她更有耐心，也更坚定了做社工的信心。

上次区老师来督导的时候，就给我们很大触动，因为我们这些新人都是第一次现场受督导，看到区老师一个项目做了很长时间——八九年，我们也就坚定了我们做社工的信心。因为我进这个机构就是要做社工嘛，只是当时不知道在这个岗位或机构，我能做这一行可做多久，我能坚持到哪一天，很没有概念。然后听区老师这么讲，做一个妇女的项目，做了五年。我觉得这也是一个进步，从摇摇摆摆、晃动的状态，哎呀，我今天做社工，我明天是不是还要做社工，到现在，你就很坚定了这个信心，我觉得这也算是专业上的一个进步吧。（老年服务工作人员 A）

还有工作人员指出，督导不会直接告诉工作人员应该怎么做，而是用提问和示范的方式，这与他们之前在接受本科/研究生教育时的教学方式有很大不同，他们更喜欢区老师的方式，因为通过这种方式能学到更多。

区老师不会直接告诉我要怎么做，这个就是对比出来的，而且如果说接触最多、对我影响最大的老师，那就是区老师了。以前的老师就会说，“你这样做是不对的，你应该怎么做”，或者说他们就会直接批评了，因为你在学校嘛，你做错事情就会被批评。（青少年服务工作人员 B）

我觉得她（区老师）是一点一滴地把知识渗透（给我），（让我）去理解社工的概念，很多示范。她分析问题的角度、她的坚持，她不会直接告诉我们，她就是通过我们提出的问题，（展现）她看问题的角度和我们的角度之间的差别。比如说面对政府的话可以换一种主动的态度，面对服务对象的时候，可能你不用急着帮他解决问题，而和他在一起。可能在之前大学的时候，也知道社工

的理念是什么，但是就只是知道，不知道怎么做到，区老师用她的实际行动把你知道的这些给做出来了。（青少年服务工作人员 A）

有工作人员将督导形容为“外界的眼睛”，当工作人员或者机构没有及时应对环境要求或者走偏的时候，督导会给予及时提醒。

我觉得在任何一个团队的发展都是需要支持的，外在的支持是很重要的。在这个团队的发展过程中，你不知道什么时候可能会开一个小差。如果有（督导）这样一个支持的话，可能会让你更加清楚是一个什么样的状况。对一个团队，如果我们在外界有一个支持的话，我们更知道，团队外部是什么样子的，那么我们和外部的接触可能会避免一些偏差，外界有一个眼睛看着我们，给我们一个提醒的话，那么我们就是说，往一个更明确的方向继续发展。就像我们个人的成长也一样，我们不可能每件事都是正确的，如果我们的家长、我们的老师，能够根据他们的人生经验给我们一个提醒的话，我们就可以少走很多弯路。（老年服务工作人员 C）

最后，有工作人员表示，督导提供的是大方向上的指导，具体的工作就要工作人员自己结合实际情况采取相应措施。

我是这样理解的，我觉得区老师的督导是大的，方向性、发展性的指导，她不可能告诉你，怎么做是百分之百正确的，所以说我们需要一个大方向的把握，才能结合自己所在的那个本地特点，才能发展所谓本土化的东西。你不能说，指望督导告诉问题在这里，这样去解决，就算是社区一样但人也不一样，文化不一样，经济条件也不一样，所以不存在百分之百地照抄，还是有一定的改变。（老年服务工作人员 B）

第六章　服务对象视角下的智障人士服务中心督导成效

为了从服务对象的角度了解吴丽端老师督导智障人士服务中心的成效，研究者分别进行了质化访谈和量化问卷调查以收集学员家长对中心各方面工作的满意度。

本章第一节将描述和讨论量化问卷调查的结果。本研究共进行了两次问卷调查：第一次于 2011 年 7 月进行，有 11 位家长参加；第二次于 2012 年 9 月进行，有 13 位家长参加。有关问卷样本，见本书附录五。

本章第二节将对质化访谈的内容进行分析。负责访谈的研究人员在 2011 年 12 月访问了 5 位中心学员的家长。有关访谈指引，见本书附录三。

由于时间和资源有限，本研究没有对居家养老和青少年服务的服务对象进行访谈和调查，希望在之后的合作督导计划及研究项目中补充。

第一节　量化研究结果分析

一　受访家长基本资料

（一）第一次问卷调查受访家长基本资料

是次受访家长 11 人，5 人为男性，6 人为女性（见表 6－1）。年龄在 36～40 岁之间的有 1 人，在 41～45 岁之间的有

表 6－1　受访家长基本资料

单位：人

	第一次调查	第二次调查
性别		
男	5	6
女	6	7
年龄		
36～40 岁	1	0
41～45 岁	3	8
46～50 岁	1	0
51～55 岁	5	3
56～60 岁	0	1
60 岁以上	1	1
受教育程度		
小学	0	1
初中	2	5
高中	2	1
职业高中或技术学校	2	0
大学本科或以上	5	6

续表

	第一次调查	第二次调查
家庭月收入		
999 元以下	1	0
1000 ~ 1999 元	1	0
2000 ~ 2999 元	2	2
3000 ~ 3999 元	1	4
4000 ~ 4999 元	3	1
5000 ~ 5999 元	1	1
6000 ~ 6999 元	1	3
7000 元或以上	1	2
父亲职业类型		
全职	6	10
打理家务	2	1
退休	3	2
母亲职业类型*		
全职	5	8
打理家务	1	2
退休	2	1
失业	1	2
孩子在中心受训时间		
1 年以下	3	3
1 ~ 2 年	3	1
2 ~ 3 年	1	2
3 年或以上	4	7
孩子学习困难类别		
智障	2	2
自闭症	6	5
言语发展缓慢	1	1
智力有限	2	2
多重诊断	0	3
样本数	11	13

* 有 2 人没有标明母亲职业类型。

3 人，在 46～50 岁之间的有 1 人，在 51～55 岁之间的有 5 人，60 岁以上的有 1 人。受教育程度方面，大学本科或以上的有 5 人，高中毕业及职业高中或技术学校毕业的有 4 人，初中受教育程度的有 2 人。家庭月收入在 1000 元以下的有 1 人，在 1000～1999 元之间的有 1 人，在 2000～2999 元之间的有 2 人，在 3000～3999 元之间的有 1 人，在 4000～4999 元之间的有 3 人，在 5000～5999 元之间的有 1 人，在 6000～6999 元之间的有 1 人，7000 元或以上的有 1 人。这 11 位家长的孩子，也即中心的学员，有不同类型的学习困难，其中有 6 人被诊断为患有自闭症，2 人被诊断为智障，2 人属智力有限，1 人属言语发展缓慢。孩子在中心的受训时间，在 1 年以下的有 3 人，受训 1～2 年的有 3 人，受训 2～3 年的有 1 人，受训 3 年或以上的有 4 人。

（二）第二次问卷调查受访家长基本资料

是次受访家长有 13 人，其中 6 人为男性，7 人为女性（见表 6－1）。年龄介乎 41～45 岁之间的有 8 人，在 51～55 岁之间的有 3 人，在 56～60 岁之间的有 1 人，60 岁以上的有 1 人。受教育程度方面，大学本科或以上的 6 人，高中毕业的有 1 人，初中受教育程度的有 5 人，小学毕业的有 1 人。家庭月收入在2000～2999 元之间的有 2 人，在 3000～3999 元之间的有 4 人，在 4000～4999 元之间的有 1 人，在 5000～5999 元之间的有 1 人，在 6000～6999 元之间的有 3 人，7000 元或以上的有 2 人。这 13 位家长的孩子是中心的学员，他们有不同类型的学习困难。其中有2人被诊断为智障，5人被诊断为患有自闭症，1人属言语发展缓慢，2人属智力有限，另有3人为多重诊断（自闭症、言语发展缓慢及智力有限）。孩子在中心的受训时间，在1年以下的有3人，受训1～2年的有1人，受训2～3年的有2人，受训3年或以上的有7人。

二 第一次及第二次问卷调查结果对比

量化研究向服务使用者，即中心学员的家长，进行了三方面的调查，分别为家长对中心的满意度、中心在家长支持方面的成效，及家长认为中心最需要改善的地方。以下将会就这三个方面进行前后比对。

（一）家长对中心的满意度

在此部分，受访家长在两次问卷调查中被问及对中心环境、中心对孩子的照顾和培训及中心对家长的支持和协助等方面的满意度，答案以六分量度（非常满意、大致满意、略微满意、略微不满意、大致不满意、非常不满意）（见图6－1及图6－2）。

（1）在第一次及第二次问卷调查中，家长对中心的环境及中心为孩子所提供的照顾服务皆有很高的评价。所有家长在中心的培训和活动可以帮助他们的孩子并为孩子带来进步这两方面感到非常满意或大致满意。对于中心提供的照顾服务（包括膳食、医疗保健），在两次调查中，绝大多数家长都感到非常满意。对中心的环境（包括能够提供干净、整洁、安全的学习环境)，在两次调查中，绝大多数家长都表示大致满意。

(2) 可是，在中心为家长提供支持方面，包括帮助他们面对教育孩子的困难及帮助他们与孩子沟通，绝大多数家长对中心为其提供的支持感到满意。本计划的督导着重改变工作人

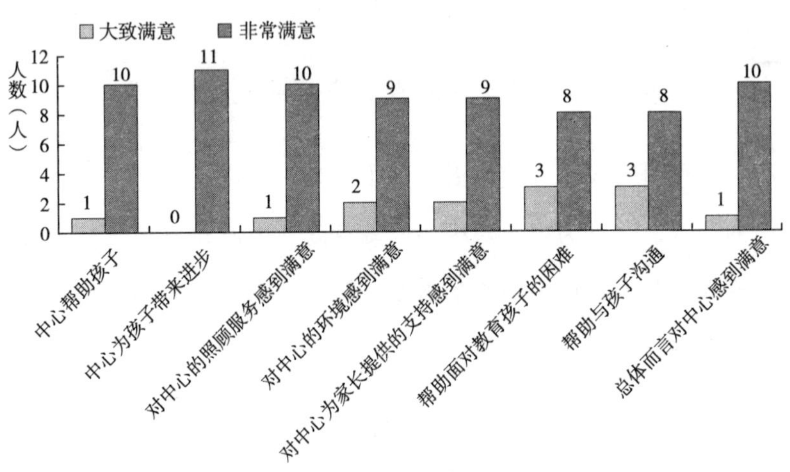

图 6-1　家长对中心的满意度（第一次问卷调查）

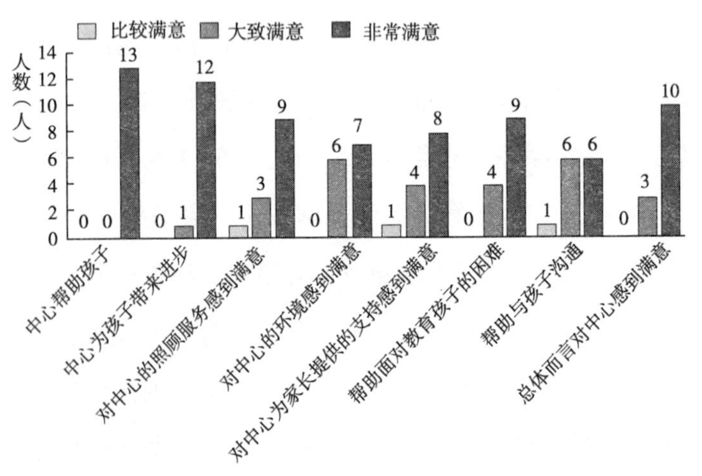

图 6-2　家长对中心的满意度（第二次问卷调查）

员面对学员时的思考方式，从而启发他们在设计服务时需要从服务使用者的角度出发。由于督导工作的时间所限，未能够针对中心每一项服务的设计做出督导及给出意见。但从是次问卷调查中，可发现家长十分希望得到外界的帮助及支持。

（3）总体而言，所有家长在两次问卷调查中皆表示对中心感到非常满意或大致满意。

（二）中心在家长支持方面的成效

在此部分，受访家长在两次问卷调查中被问及六个方面有关中心在家长支持方面的成效，答案以六分量度（非常重要、大致重要、略微重要、略微不重要、大致不重要、非常不重要）（见图6－3及图6－4）。

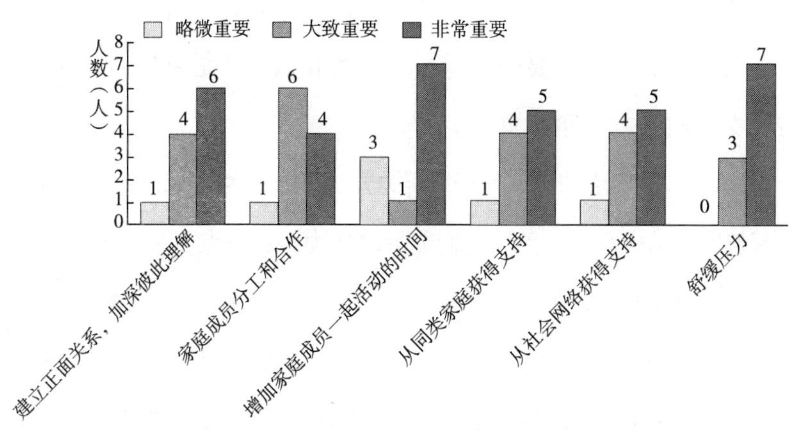

图6－3　中心在家长支持方面的成效（第一次问卷调查）

（1）大部分家长表示中心能帮助他们“建立正面家庭关系，加深彼此了解”，及协助他们增加家庭成员一起活动的时

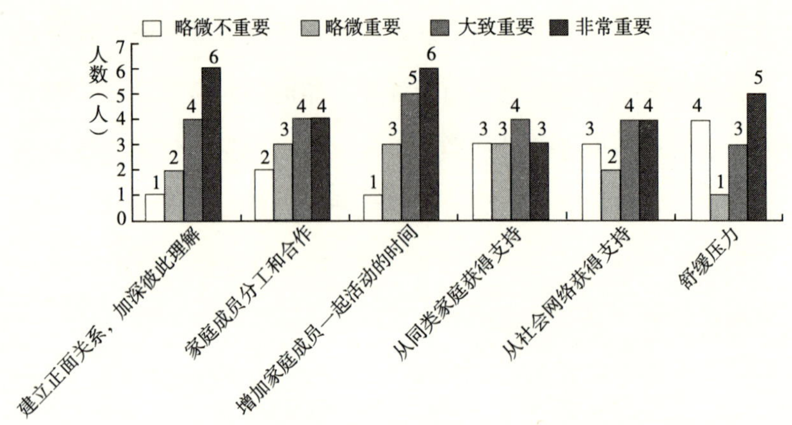

图6-4　中心在家长支持方面的成效（第二次问卷调查）

间，这对他们来说非常重要。

（2）大部分家长皆表示中心的服务能鼓励家庭成员互相帮助，对于家庭成员分工和合作“大致重要”。此外，中心亦会帮助家长及鼓励他们从其他面对同样困难的家庭，以及从社会网络中获得所需要的支持。受访家长认为中心在协助他们扩展支持网络方面稍微重要。

（3）至于在协助家长舒缓压力方面，第一次问卷调查时大部分家长皆表示中心的服务使他们能舒缓压力，这一点非常重要。但在第二次问卷调查时，有四位家长表示中心的服务对他们舒缓压力而言略微不重要。之所以出现这一转变，也许是因为家长已懂得找寻其他途径帮助自己舒缓压力，而不再需要中心工作人员的帮助。

（三）家长认为中心最需要改善的地方

（1）两次问卷调查都收集了家长对中心的期望。大部分家长表示希望增加更多训练课程，比如体育锻炼、基本生活能力培养（刷牙、洗脸、洗衣服、择菜、洗菜）。

（2）有家长表示希望中心能举办一些让学员动手以锻炼手部协调能力的专门活动，在动手的过程中，锻炼他们身体的协调能力，缓解他们的一些负面情绪，让他们感到生活的乐趣。

（3）有部分家长建议中心加强对社会资源的利用，如招募更多义工。

（4）在第二次问卷调查中，有家长肯定中心在接受督导后的专业化水平，同时期望中心的老师能继续有计划和按部就班地探索教育内容及方法，适时评估，并就教育内容和方法与家长保持沟通。

第二节　质化研究结果

一　家长眼中中心的改变

家长在“中心改变”方面的回馈主要可分为两方面。一是环境改变，既有硬件条件的改善，也增加了给孩子视觉提示的结构化教学。

> （有了督导以后）中心在硬件布置上，也产生了一些变化。地方宽敞了，环境变得越来越好。还有你看教室外面（贴的）这个课程表，就是结构化教学，给孩子一个

明确的（指示），这样孩子的情绪问题就没有那么严重，因为他知道我下一刻要做什么。（智障人士服务中心学员A的妈妈）

我想找这样的中心想了很久了，忽然有天从报纸上看到了，就觉得那地方应该很好，于是便过来看看。然后过来一看，哎，当时找这地方的时候还费了点周折，因为它搬了，换了地址了吗？然后后来就打听啊，找到了，当时B老师接待我，他给我一些数据，然后又带我去二楼学习的地方，做训练的地方，包括三楼，我都看了一遍。我一看这地方环境也不错，这儿环境也行，老师也挺好的，我就把孩子送过来了，我就觉得我应该把孩子放在这儿比较放心。（智障人士服务中心学员B的妈妈）

二是老师的改变。家长感觉到老师们在培训和处理孩子行为问题时的能力和技巧都有所提高，而且老师们也比以前更关注外来的讯息。

中心的变化我觉得主要来自老师。虽然说硬件改变了，地方也宽敞了，环境也越来越好了，但我想老师的变化可能是最大的。刚搬过来的时候，我带孩子进来的时候，我觉得老师呢，怎么讲，也不能说不专业，但是老师说的一些关于训练的话有点外行，可能以我的角度来说吧。但是随着时间过去，我感觉老师们在专业方面相比最初有大幅度提升。比方说老师会根据孩子的情绪而调节课程。比如这节课，学员 A 来上课了，但是他情绪不好，该怎么办，老师就降低目标，多鼓励，情绪好，就提高目标，多做一些。我感觉老师在这方面做得挺好。还有，我这个孩子，他手工不太行，他精细动作不太好，他粗放动作还可以，老师也是经常给他做按摩，课间没事的时候就给他按摩那个手，从胳膊到手，现在应该说，这个手的灵活度也比原来强多了，以前有些精细动作，比如穿那个小珠子、拉拉链，这些动作他都不太行，现在也在逐渐改善。(智障人士服务中心学员 A 的妈妈)

图 6－5　向社区人士介绍中心

我感觉中心老师挺注意接受外来的讯息，与其他的机构也有交流，然后也通过去香港学习啊，通过吴老师过

来，浏览网上的一些数据啊，所以我感觉老师们的专业水平都挺高的。（智障人士服务中心学员 B 的妈妈）

二　家长建议

也有家长对如何进一步提升老师的专业水平和中心的整体形象提了一些建议，比如增加对老师的系统培训，又如在中心创建一个论坛以增加中心与外界的交流和与家长的沟通。

从香港回来以后，老师们在社工工作上有很大的改观，包括设计课程。但是我觉得，可能是时间短的原因，因为只去了一个星期，扣掉来去的时间，在那里参观的也只有几天，可能看到的也只是皮毛。我是希望在已有的框架下，更加充实里面的内容，老师也可以接受系统的培训。从一开始学起，比方说有语言障碍的孩子要怎么教，有情绪问题的、有自伤行为的、有攻击性行为应该怎么处理；学业方面，认知方面，应该怎么做……其实里头的学问很大……这样就不会发生，“哎呀，这个孩子教那么长时间了，他还不会”，其实我觉得是方法问题。（智障人士服务中心学员 A 的妈妈）

我建议“基爱”把这个网站（做起来），或者搞个论坛，把网站建起来，充实起来，因为现在依靠网络，你可以学到很多东西，包括建起论坛，包括青岛的某个论坛，

就很有名。（智障人士服务中心学员 A 的妈妈）

综合量化及质化研究的结果，家长对中心的改变表示满意，如中心环境、员工技巧培训，可见督导针对这一方面的工作成效显著。在两次问卷调查研究中，家长皆提出他们对家长服务、扩展支持网络及建立沟通渠道等的期望，由此可见，中心需要进一步扩展家长工作。

第七章　总结和讨论

第一节　总结

本评估研究旨在回答以下三个问题：①香港督导提供了哪些督导，通过什么方式进行督导？②受督导工作人员学到了什么？他们在知识、态度和技巧方面有哪些转变？③服务对象如何评价工作人员和机构的变化？

第三章和第四章分别描述了吴丽端老师和区结莲老师分别在智障人士服务中心和居家养老和青少年服务项目中所做的督导工作。其中，吴老师的工作包括：提供机会（如香港参访）让工作人员接触较先进地区的智障服务，改变工作人员的工作思路，提高其工作技巧（如个案管理、结构化教学），给予中心行政及人事管理上的建议，推动机构制定规划策略，等等。区老师的工作则主要包括：督导中心的服务定位、团队建设、与政府部门的关系，及个案和小组工作技巧这四个方面。

一位来自中心居家养老和青少年服务项目并曾受区老师督导的工作人员表示，督导提升了他对自我的认识，而且在思考方式及工作技巧上亦甚有裨益。这些方面的提升和转变使他们在服务定位、团队建设、与政府部门的关系及个案和小组工作技巧上皆有所进步，工作人员的进步直接影响服务的提供，故亦提升了中心居家养老和青少年服务项目的整体服务水平。此外，一位来自智障人士服务中心并曾受吴老师督导的工作人员表示，吴老师的督导针对每个工作人员的个别问题以及整个服务的要求。这两方面的督导都在智障人士服务的知识和技能上提供了很大的协助。同时，吴老师也对中心的环境布置、团队分工与合作、人事管理、规划策略提供有效的环境干预，提升机构的整体服务水平。最后，无论是中心居家养老和青少年服务项目的工作人员，还是智障人士服务中心的工作人员，都得到了两位督导的支持，使得他们能保持对工作的热情和士气，感受到自己工作的价值。

在督导策略方面，两位督导将实地督导与视像督导结合起来，并以电子邮件和电话联系作为补充。实地督导时，区老师主要以工作坊的形式进行，将 6 个服务点的工作人员召集起来。每次工作坊都有一个特定的主题，如进行服务定位、团队年度回顾等。在这一至两日的工作坊中，区老师通过短讲、讨论、团体游戏等形式，引导工作人员思考和讨论。吴老师的实地督导则是参与中心日常工作或大型活动项目并进行观察及与工作人员面谈等。在视像督导方面，两位督导都是以个案会议的方式进行，要求受督导工作人员先整理出最近工作上遇到的困难作为该次个案会议的主题。此外，两位督导都不约而同地使用了反思模式的督导策略。有关自主导向学习和有目的性提问的应用及其对推动内地社会工作本土化的意义见下文讨论。

本研究访问了智障人士服务中心的家长，询问他们是否发现及如何看待中心在接受督导之后的变化。绝大部分家长都对中心的服务表示满意，并且认同中心在协助改善孩子行为、亲子关系和对父母提供知识和情感支持等方面的工作都卓有成效。有家长观察到中心在环境方面的改善，也有家长表示欣赏中心工作人员专业能力的提升。

第二节　讨论

一　选择督导主题内容是基于环境因素、机构状况、督导个人的理念

在文献回顾中我们讨论了三项社会工作督导的内容和六项机构能力建设的内容。在第三章和第四章，分别描述了两位督导所做的督导内容，基本内容都在这九项内容的范围之内，但不是所有的督导内容都会兼顾到。两位督导均有涉及的督导内容有：教育性督导、支持性督导、使命与策略、有效完成项目且评估项目成效的能力，以及内部运作（主要是团队建设）。两位督导均没有涉及的督导内容是管理与领导，这部分涉及对机构理事会的整顿，“基爱”暂时不需要这方面的督导。区老师有涉及而吴老师没有涉及的是策略关系

（与政府部门及其机构的关系）。吴老师有做而区老师没有做的是行政性督导。

选择督导主题内容是基于环境因素、机构状况、督导背景、经验及理念等因素，对这些影响因素的具体分析见本研究报告的第三章和第四章。即使两位督导的背景、经验及理念相类似，在选择督导内容及其时间点时仍然有差异。这种差异是受项目/中心的情况，以及相关环境因素影响的。以服务定位和行政性督导为例。服务定位是两位督导都有所着重的，但有时间先后的差异；行政性督导吴老师有做，而区老师没有做。以下简析项目/中心状况及环境因素如何影响督导内容的选择及其先后次序。

如第三章和第四章所述，居家养老和青少年服务项目的服务定位是区老师最初的工作重点。相比较而言，讨论智障人士服务中心的定位及规划策略是在督导较后期进行的。这一差异可能是以下三个因素导致的。

首先，居家养老和青少年服务需要政府购买服务，所以需要一开始就有一个明确的定位。而智障人士服务中心一方面不需要向政府争取购买服务，所以时间上没有紧迫感。其次，如受督导工作人员所述，在没有确定居家养老和青少年服务以及相应的能力建设及社区参与的服务定位之前，这部分的服务缺少一个清晰的方向感，既不利于增强内部员工的归属感和凝聚力，也不利于机构的团队建设和向外推广。相比较而言，虽然仍有进步的空间，但智障人士服务中心有较明确的服务对象，以及相对较明确的中心定位。最后，智障人士服务中心的工作人员背景比较多元化，且相对于居家养老和青少年服务项目的工作人员而言，智障人士服务中心的工作人员对社工的认识较少，也较缺乏相应的工作思路和技能，所以督导选择先对中心进行内部整顿及提升工作人员的专业水平，搭建一个可以讨论未来的服务方向和策略的平台。

再以行政性督导为例。吴老师有督导智障人士服务中心的行政工作（如人事管理），但区老师基本没有涉及。这也是受居家养老和青少年服务与智障人士服务中心的地理环境和工作人员背景影响的。一方面，智障人士服务中心的活动场地就在中心所在的三层小楼，这有利于督导对中心的日常行政工作做近距离观察；另一方面，智障人士服务中心的主任较缺乏对社工机构的管理经验，因此督导介入比较多。相比较而言，区老师没有就居家养老和青少年服务进行行政工作督导也可能是以下两方面的因素造成的：一方面，提供居家养老和青少年服务的服务点比较分散，每次实地督导是将所有服务点的工作人员聚集在一处，督导没有时间也没有机会近距离观察服务点的日常行政工作；另一方面，有社工背景和较丰富社工服务及行政经验的“基爱”总干事，亲自督导提供居家养老和青少年服务的服务点的行政工作，再加上配备了专门负责行政工作的工作人员，从而确保提供居家养老和青少年服务的服务点的行政工作基本运作良好。

二　机构层面的督导与个人层面的督导须互相配合

纵览第三章和第四章所描述的督导内容，可发现无论是吴老师在智障人士服务中心的工作，还是区老师对青年服务和社区养老服务的督导，既包含了对机构层面的督导，也包含了对工作人员个人层面的督导（专业理论、技巧和价值观）。这是本研究与香港－深圳跨境督导模式（Hung, Ng, & Fung, 2010；香港基督教服务处, 2009）的一个差异。在香港－深圳跨境督导模式（Hung, Ng, & Fung, 2010；香港基督教服务处, 2009）中，香港督导对深圳社工所做的主要是专业理论、技巧和价值观层面的督导，也就是对社工个人层面的督导。毋庸置疑，专业督导是重要的。通过专业督导，社工可以进一步掌握专业理论和技巧，确立自己的专业身份，制定自己的专业守则，从而提升自己的专业能力，为有需要的人群服务。同时亦可建立社工的专业形象，提升社会对社工的信心。

但是就内地目前的情况看，仅有对工作人员个人层面的督导是不足够的。工作人员所在的社会服务机构存在诸多不足，这些不足不仅影响机构长远的发展，而且影响工作人员的能力发挥和绩效表现。

当前内地社会服务机构的不足主要表现为以下几点：①缺乏对组织理念和使命的陈述，导致机构的定位不清楚、不明确；②缺乏明确的制度规范来约束其领导者及成员的行为，比如缺乏对工作表现的绩效评估；③缺乏一个强而有力、主动型的董事会来担任管理者、资源开拓者、外交大使和顾问等工作，推动机构有序而有效地提供服务予有需要的人；④缺乏一个适宜的内部工作环境，明确组织内部的规划、组织、领导、任用、控制与决策等职能，使其成员能充分发挥潜能，以促进有效率的服务输送；⑤缺乏良好的、具有专业挑战性和专业成长空间的组织文化，吸引和聚集优秀人才（钱宁，2011）。

“基爱”作为一个成立不久的社会服务机构，在各方面已经成为山东社会服务机构的代表典范，但或多或少还是面对着一些机构管理上的难题。此外，在机构层面的督导，也反映了督导和机构领导对机构发展、社会服务的长期投入和承诺。因此，机构层面的督导成为吴丽端和区结莲两位老师在个人层面督导之外的另一个工作重点。

Oster（1995）指出，非营利机构的策略性管理（strategic management of nonprofit organizations）主要包括以下几个方面：①确定使命（mission）和愿景目标：②对非营利机构所在的市场结构进行分析，尤其是该机构在市场中的竞争优势；③机构的竞争和合作关系；④人力资源管理；⑤建立一个有效的董事会；⑥产品/服务的发展和标价；⑦筹款；⑧财务管理；⑨方案检讨与评估。

根据开始督导时“基爱”的具体情况是，督导进入机构时机构已有一定的发展，督导所做的是顺应机构的情况，在已有的基础上进行调整，而不是全盘推翻重来。比如，有受访工作人员担心机构的服务种类越来越多元，可能会使机构没有一个明确的发展方向，指出“如果今年你签的是社区照顾，明年你又签的是高危协议，后年你又改成别的项目，这样老换，就容易造成你的服务是一片一片的，形不成一个很好的体系”。督导对此情况的督导策略就是将现有的一片片的服务拼起来，使之成为有策略性的服务。透过利用机构的使命将不同类型的服务联结起来，即使是不同的服务，也有同样的使命和愿景目标。要推动不同团队之间的合作，服务不能靠个别工作人员，而是需要团队之间互用资源与能力。例如，未来会计划推动智障人士服务中心与青少年服务点合作，让智障人士服务中心的学员与青少年一起活动。

针对工作人员个人层面的督导和针对机构层面的督导并不矛盾，相反，两者在一定程度上是相互依赖和相互影响的。首先，机构层面的改善会使工作人员间接受益。有受访工作人员指出，因为督导协助确定了机构的服务定位，使他们在日常工作中更有方向感。其次，针对个人层面的督导本身就包括了对机构层面的考虑。比如，将机构任务分配给个人特质与该任务匹配的工作人员，然后督导根据工作人员所负责的任务对其进行有针对性的专业督导。最后，改变机构与改变工作人员是同时进行的。比如，一方面推动工作人员改变思维，推动他们关注环境对他们的影响；另一方面又推动工作人员采取实际行动改变环境，从行动及行动的结果中体会系统思维的重要性。

在跨境督导社工专业交流的初期，每次督导都是宝贵的摸索。到了目前的阶段，就要结合已有经验思考如何兼顾机构发展和社工专业发展。最近，深圳市社会工作者协会（2012）颁布了《深圳市社工督导人员职责规定》，明确指出督导除了给予社工业务指导外，还应参与机构层面的督导，比如及时对团队的问题和情况进行总结及提出建议，调整服务方案，优化服务结构，促进服务效果提升；协助机构进行项目研发与管理，提升机构的项目服务水平；等等。由此可见，机构层面的督导日渐受到重视。

三　顾问式的社工专业督导发挥的影响力

第二章讨论了跨境督导的香港－深圳模式，尤其是环境因素对跨境督导的限制。这里的环境因素指体制、系统的设计和操作，社会工作在内地的发展情况，香港与内地的文化差异等宏观背景因素。本部分讨论两位督导如何应对这些环境因素，并与香港－深圳模式中跨境督导的情况做一简略对比。

第一，香港－深圳督导模式中，社工希望督导能与有关机构沟通、协调以争取资源和支持，但香港督导无法满足受督导社工的期待。必须将这一矛盾放置在深圳社会工作系统的背景中去了解。深圳的社会工作发展模型中，深圳政府购买社会服务时涉及的三方为民政局、雇佣机构（employer organization）、用人单位（user organization）。民政局协助成立社工机构，并以购买服务的形式，根据社工机构聘请的社工人数，提供经费。雇佣机构的职责是招募和训练社工，并将他们派往区民政局指定的用人单位。用人单位是社工直接提供服务的场所，例如居委会、养老院、福利院等，皆属民政局或其他政府机构领导（Hung, Ng, & Fung, 2010；香港基督教服务处，2009）。聘请深圳督导的是雇佣机构而非用人单位，深圳督导也因此与用人单位之间没有直接的联系，更不要说被给予干预用人单位行政的权限了。

本研究的情况则有所不同。香港中文大学社会工作学系家庭及小组实务研究中心与“基爱”在签订督导合同时，是与“基爱”理事长直接接触，两位督导也与“基爱”理事长及其他领导层建立了沟通良好的互动渠道和互信的合作关系。督导因此被给予了相当大的权限，比如协助确立机构的使命及愿景目标等。另外，本研究的督导合同并未像香港－深圳模式那样对督导的工作范围、工作量做出明确的规定，所以本研究的督导有相对较大的发挥空间。

由本研究两位督导的经验可知，督导协助工作人员与其所在的机构或用人单位沟通，协调以争取资源和支持在内地还是有可能实现的，但前提是受督导机构能给予督导足够的权限和空间，但这并不是每一个机构都能做到的，因为这涉及机构的特性。另外，督导的经验和背景也很重要，区结莲和吴丽端两位督导既有临床工作经验，又有机构管理经验，所以才能清楚地计划和把握从机构的哪个层面介入可以达到受督导工作人员获得工作所需资源的目标。

第二，香港－深圳模式中，受督导社工提到某些香港督导对当地的文化和社会环境认识不足导致督导工作遇到困难。不了解当地文化或会引致督导对社工提出不切实际的工作要求。Hung、Ng和Fung（2010）也在对深圳模式的评估报告中指出，在跨境督导中，香港督导应当具备“文化敏锐”视角，尊重内地的制度和文化，并探索如何有分寸地将社工理念与内地的制度和文化相结合。

本研究中的两位督导在这一方面也做出了相应的尝试，亦积累了一定的经验。比如区老师在教导知行易径实务干预模式（区结莲，2011）时，较强调“心法”（分析服务对象问题背后的需要，根据服务对象的需要制定工作目标），而不是具体技巧。她认为，只要把“心法”看透了，具体的手法是可以千变万化的。区老师在督导过程中一直强调，她的督导是给予方向性、发展性的指导，她不可能也不会告诉工作人员，怎样做才是百分之百正确的，因为每个社区的人不一样，文化不一样，经济条件也不一样。她的督导目标是协助工作人员把握一个大方向，在此基础上结合自己所在地的特点，才能发展本土化的社会工作。吴老师也在督导过程中一直强调不能直接将香港经验应用于山东济南的智障人士服务。正如第五章接受督导的智障人士服务中心副主任B老师所说的，“吴老师不会直接告诉我答案，应该怎么做，但是她会告诉我框架”，“吴老师给了我探索的信心和方向，也让我明白，不要盲目跟从香港的经验，要多方面理解学员的需要及问题，从学员的需要及问题出发设计课程”。

关于如何将社会工作的理念与当地特有的文化制度结合，

区老师将跨境督导比做“共舞”的过程。她是这样说的：

> 我觉得无论哪一套东西，在不同的环境中都是需要一个转变（transformation）的过程，因为你要根据当地的文化，当地做事情的方式，慢慢进入，而不是生硬地把自己的东西套用在其身上。譬如社会工作本身就是从西方传入的，那么从西方传入的时候都曾生硬地套用，所以我们需要不断思考、挑战。所以我把我的知识搬到内地，譬如搬去山东的时候呢，也都一定要视乎内地的文化背景、他们的喜好，那些都是很重要的。有位短期焦点解决（solution-focused）模式的大师，他有一句我一直都记得，我觉得很有意思。他说做社会工作，或者说做辅导，是和案主共舞的过程、跳舞的过程，就是你不可以快过他也不可以慢过他，你要和他同步，所以这个速度是很重要的，也不是说我们社工就完全没有自己的方向，就跟随案主了。不是的，而是说在这个过程中，都是有一个领舞的，带动舞伴的，那么这个领舞，怎样带领是很有技巧的，不会过快，也不会过慢，不会让舞伴扭伤脚。我觉得这是一个很精彩的比喻，无论是对于辅导，还是社区工作，还是与政府打交道，都是一个共舞的过程，怎样找到那个点。而在那个调整速度的过程中，你也可以将一些（社工）价值、理念，在不经意间渗透，这需要很高的技巧，但这是有可能的。

四 服务定位与策略三环

两位督导都将服务定位作为督导的一个重要内容。服务定位就是策略的一种。策略就是开展实现机构使命的具体活动（Bryson，1995；75－78；Moore，1995；57－102）。策略对任何组织都是重要的。对于以营利为目标的企业，制定策略的目标是尽可能地增加收入。对社工机构/非政府机构来说，目标是实现机构使命和愿景，但是因为机构的使命和愿景是创造社会价值（social value）但未必创造财富，所以制定社工机构/非政府机构的策略时，还需要兼顾稳定的收入来源问题。因此，社工机构/非政府机构在制定策略时，需要同时考虑三部分：价值（value）、支持（support）、能力（capacity）。这个理论又被称为“策略三环”（the strategic triangle）（Moore，1995；2000）。价值环是指机构的使命。支持环是指机构的利益相关者（stakeholders）是否认同，是否愿意给予支持。能力环是指机构的资金、团队、时间、知识和技能等。最优的策略当然就是这三环的结合。

以下我们用“策略三环”简析两位督导是如何为居家养老和青少年服务项目与智障人士服务中心确定服务定位的。居家养老和青少年服务项目与智障人士服务中心的价值环是相通的，即使命是“助老扶弱、服务家庭、关怀社区、发展睦邻”，共同的愿景目标是“引导创建关怀互助的社区，矢志成为服务弱势社群及倡导社区关怀的专业服务机构”。但是居家养老和青少年服务项目与智障人士服务中心的支持环和能力环有所不同，所以服务定位也有所不同。

首先以居家养老和青少年服务点为例。居家养老和青少年服务项目的服务定位与“基爱”的服务使命/策略目标是一致的，不仅仅因为这两项服务的服务对象是急需服务的老人和青少年（尤其是失业失学或贫困家庭的青少年），更因为服务的目的不仅仅是扶助老人及协助青少年成长，同时还包括对服务对象的能力建设和推动服务对象的社区参与，终极目的是发展社区资本，建设有情社区。支持环即项目的资金来源是政府整体购买服务计划。而且，“基爱”在政府购买服务之前，已在社区内开展了一系列服务如家庭暴力社工维权岗、儿童成长服务项目、单亲特困家庭服务项目，得到了来自服务对象和各级政府领导的广泛认可和赞扬，这些构成了居家养老和青少年服务项目的支持环。最后，居家养老和青少年服务项目的能力环包括工作人员从 2007 年至今通过开展各类服务积累的项目管理经验、团队运作经验、相关服务的知识和技能等。

其次，以智障人士服务中心为例。中心未来的服务包括继续发展成年智障人士服务、家长服务，以及探索如何帮助有能力的智障人士就业，这些服务方向和“基爱”的使命“助老扶弱、服务家庭、关怀社区、发展睦邻”，及愿景目标“引导创建关怀互助的社区，矢志成为服务弱势社群及倡导社区关怀的专业服务机构”是一致的。支持环部分，智障人士服务中心的资金来自“基爱”理事长的资助、学员的训练和住宿费用，中心还在探索发展部分其他收费项目。能力环部分，中心工作人员都有多年的智障人士服务经验，对智障人士服务的热忱，以及经由督导后进一步提升的关于智障人士服务的专业知识和技能都提升了机构的能力环。在此基础上，中心有能力追求进一步的发展，比如以上提到的家长服务、成年智障人士服务和协助智障人士就业等服务，填补山东智障人士服务行业的空白。

五　团队建设的重要性和必要性

两位督导都强调团队建设。一方面是督导观察到内地的工作文化，相对较缺少团队合作的意识；另一方面是因为团队对于社工机构的重要性。

团队是组织或机构中的特定组成部分。Manion、Lorimer 和 Leander（1996）将团队定义为具有以下特质的一群人：共同的目标、共同的任务、共同的工作手法、对最终工作成果负有共同的责任，有交集但又相互补充的工作技巧。从工作人员个人层面来说，团队建设的好处是能带来更高的工作满意度，工作人员有更强的工作动力，而且工作人员参与团队工作并取得成功，因此形成了对团队和对组织或机构的归属感。而对服务对象而言，因为团队合作整合了多元化的工作技能，从不同角度加深了对案主的理解，有助于解决更复杂的问题，效率更高和准确地做决定，最终带来更高质素的服务。在机构层面，团队建设能带来融洽和团结的工作文化、对工作更投入的员工以及低员工流失率。另外，团队合作有助于推动员工分享工作经验，产生新知识，促进机构成为一个学习型机构，持续提升机构服务水平（Bradshaw & Stasson，1995；Conzemius & O'Neill，2002；Rothwell，1999；Pounder，1999；Wenger，1998）。

团队建设对于尚在起步阶段的社工机构和社工尤为重要。正如区老师在访谈中所说，社工行业还在起步阶段，社工不可避免地会遇到各种困境。如果社工只是单打独斗，那么再有心的社工能做的也有限，而且也容易失去信心。只有社工作为一个团队，才能互相支持，取长补短，发挥最大作用。

六　具普及性的生态系统理论有助于制度与社会状况相适应的社会工作介入策略

第三章描述了吴老师在智障人士服务中心督导时，怎样协助中心工作人员认识环境与个人之间的相互影响，并采取行动改变环境因素，从而协助学员学习，以及改善学员的行为问题。系统视角不仅适用于智障人士服务中心的工作，而且也适用于青少年服务和老人服务指导。比如区老师指导工作人员在进入社区时要注意社区特有的情况来设计服务方案，也是系统视角的体现。

生态系统视角（Ecological Perspective，Bronfenbrenner，1979）依据人与环境之互动关系的特性为概念架构，理解个人所在的各级环境系统如何增进或阻碍个人的成长、健康及社会功能。根据生态观点所建构的“生活模型”（Life Model，Germain & Gitterman, 1980）对于人与环境间的互动提了三个相互关联的观念。

（1）人与环境的调和程度：人与其所在的环境间的适应性及互惠性；

（2）环境的质量：社会及物理两种环境系统的好坏；

（3）生活中的问题：案主所经历的困境为“生活中的问题”，并非个人的病态或性格的缺陷所致。

Greene（2008）指出生态系统视角下的社会工作实务有以下特有的价值观：

（1）视个人或家庭所遭遇的问题与困境是环境资源不足所致，并非个人的病态，因而扩大了实务干预的焦点；

（2）视个人或家庭所遭遇的问题与困境是多因素交互影响的结果，而非单一因素所致；

（3）问题的产生既非单一因素所致，同样，干预解决之道也是多元的；

（4）社工在干预时，应善用个人的生活经验及其非正式的支持，作为干预的切入点；

（5）社工在干预时，应牢记部分系统改变就能影响或连带改变其他体系的原则。

总之，生态视角下的社会工作主张运用多元面向和多元系统的干预策略，干预的对象包括个人、家庭、次文化、社区等各个层面的次系统，其助人的实务模型则是综合各种社会工作取向的方法。

七　自主导向学习及有目的性提问的督导策略及其对社会工作本土化的意义

自我导向学习和有目的性提问都是适用于成年学生的教学策略。成人教育学认为，成年学生有较强烈的问题取向，也有较多知识和经验帮助他们理解他们所学的知识。所以应当创造条件使成年学生参与到学习过程中，确定学习方向，选择学习内容。所以督导和社工之间的关系应当是相互协作的关系。督导并不是要完全将自己的知识和经验填鸭式地硬塞给成年学生。更合适的方式可能是了解受督导社工发现什么是他/她已经知道的，什么是他/她尚有不足的，有目的性提问就是达到这一目的的有效工具（Caspi & Reid, 2002）。

除了协助受督导工作人员更好地理解掌握有关的理论和技巧外，自我导向学习和有目的性提问对来自外来文化的跨境督导而言还有特别的意义。既然受督导工作人员对内地制度、文化、资源等的认识都比督导多，那么督导可以透过与工作人员一起分析和思考可能的解决问题的方法，避免督导做出不适合实际情况的决定。

此外，跨境督导还可通过自我导向学习及有目的性提问等督导策略，在督导过程中进一步协助社工探索适合内地社会背景和具体情况的实践方法（香港基督教服务处，2009）。

八　跨境社会工作督导伦理守则的再思

内地社工大多在未接受过整体的实习督导培训的情况下便

要去做实务工作，纵使他们已掌握一定的理论，但对如何依据社工专业的价值观和实务守则来提供服务，他们的认知程度有限，仍需要不断地摸索。在山东提供督导的两位督导，不约而同地特别关注前线工作人员在专业角色、操守和价值观方面的反思，她们特别重视以下三项专业原则。

1. 在提供服务的过程中，必须以无碍当事人利益为大前提（Do No Harm Principle）

前线工作人员在选择介入手法和技巧时，不但需要审慎地评估这套做法是否适合帮助服务对象，更重要的是要清楚自己是否已充分掌握这些介入手法，是否只是在一知半解的情况下胡乱运用。因为在罔顾服务对象的利益的情况下，或会在提供服务的过程中给服务对象带来伤害。举例来说，在没有一定的信任和保密基础的情况下，要当事人在群体面前表露自己的隐私和受伤害经验或过度地宣泄情绪，这都是工作人员要特别注意的，把心理治疗手法用在一个不恰当的情境下，或会令当事人往后面对更大的心理包袱。又例如在训练智障人士时，不理会他们的意愿和选择，只有刻板而单向的互动，要他们服从指示，这种做法虽然不至于实时对他们构成身体上或情感上的伤害，但长远来说，身处于这种环境，他们又能否发挥所长呢？这都需要督导引导工作人员做出不同层面的反思。

2. 尊重当事人的隐私和个人资料的保密性

一般来说，社工会理解尊重当事人隐私的重要性。但在工作中却往往对当事人的保护措施欠缺严格的审视。譬如，在保障当事人的家庭状况和个人资料方面，机构必须要订定明确的指引，并且在指引中规定当事人的个人资料只可在得到当事人同意的情况下才可以有限度地向相关人士披露，而且要用化名来隐藏他的身份。订定指引后，还须在员工培训及行政措施方面有明确的规定，使员工工作得到充分的监管。

在山东的督导过程中，两位督导便以电子邮件、视像会议形式来进行个案督导，当中也涉及资料的保密性。督导为了确保这些资料不被披露，会要求工作人员以化名来代替真实名字，并且要求工作人员让服务对象了解督导的职责，以及他们使用这些资料的目的。

3. 促进当事人的自主及自决权

社工专业在内地刚刚起步，社区人士对社工的角色和定位不太清楚。在社工专业形象仍未全面建立起来的情况下，社会大众或会以为社工可以代表当事人解决自身的问题。但事实上，社工的职责是助人自助。

内地的年轻社工要凸显社工专业性，可说是十分艰巨的任务。这是因为社工在巩固专业形象和影响力的同时，还要让当事人充分自决和积极参与。因此，两位督导引导前线社工要扮演推动者的角色，站在当事人的后方让智障人士的家长可以表达对服务的期望和诉求，也让社区的老人可以直接表达他们的需要。整套理念是依据社工专业的一项基本价值观与信念——“社工相信每一个人都有发展的潜质，因而有责任鼓励及协助个人在顾及他人权益的情况下实现自我”（社会工作注册局，

2010)。这一信念的彰显能使当事人有正面的参与。这正是社工专业在中国内地发展的一种原动力。这不仅仅是自上而下的政策项目，更是针对地区社群需要发展出来的服务。

综合来说，推动内地社工在专业道路上持续前进，最根本的是他们能对这门专业建立强烈的身份认同，并且能真正内化它的价值观。两位督导所能做的是以自身的经验和对社会工作服务的一份热诚来带领这群年轻的社工。要让专业价值得以传承，需要通过人与人之间的情感联系。当中心工作人员看见和感受到督导对服务对象热切的关怀，自然会明白什么是尊重、平等和对别人苦难的体谅。这正是社工专业精神的可贵之处！

附录一　居家养老和青少年服务中心工作人员访谈指引

专业形象

1. 如果让你给自己作为社工的专业化程度在 1 ~ 10 分之间打个分，你会给自己打几分？

2. 你觉得社工的专业元素体现在哪些地方？

3. 如果别人问你社工是做什么的，你会怎么介绍？

4. 跟你刚开始做社工的时候相比，你觉得自己现在有什么不同吗？这些变化是如何产生的呢？

5. 根据你在社区工作的经验，你觉得社区居民对社工的认识有什么转变吗？你觉得自己做了什么事引发这些转变？（请举例具体说明）

6. 你平时的工作跟哪些政府部门有联系？你觉得这些政府部门工作人员对社工这个专业如何理解？在沟通中，你感觉他们的理解有变化吗？这些变化是如何产生的？

7. 你觉得接受了香港社工的督导后，自己对社工的认识有变化吗？这样的督导跟你在学校的专业学习有什么不同？你对督导有什么建议吗?

服务方向/定位

1. 你对现在的工作有没有一个清晰的方向感? 如果有, 请讲讲你现在工作的主要目标是什么?

2. 你觉得在做服务规划的时候是否可以将这些目标贯穿到你的工作中? 如果可以, 你在实际工作中是怎么做的? 请具体说一说。如果不可以, 困难在哪里呢?

3. 你在多大程度上可以将工作的目标贯穿到实际工作中? 请在 1 ~ 10 分之间打个分。

团队建立

1. 你觉得你目前的工作是否需要一个团队支持?

2. 你觉得自己现在是一个人在工作, 还是有一个团队一起在工作? 请具体说说目前的工作状况。

3. 如果是一个团队, 你觉得机构做了什么让你感觉有一个团队的支持?

4. 就你目前的工作而言, 团队给了你怎样的帮助?

5. 如果现在没有团队支持, 你觉得机构需要做什么来说明建立这个团队的必要性?

6. 在接受香港社工的督导之后, 你觉得是否学到一些如何建立团队的方法? 你在工作中是如何应用这些方法的?

附录二　智障人士服务中心工作人员访谈指引

1. 你所接受的督导有哪些内容？

2. 令你印象最深刻的是哪些内容？为什么？

3. 你觉得这些督导对你的工作有帮助吗？具体体现在哪些方面？你觉得这些能否指导你更好地服务案主和家庭？

4. 你觉得香港老师的督导和你在学校学习/实习/机构之督导有什么不同？

5. 对于督导你还有哪些意见或者建议？

附录三　智障人士服务中心学员家长访谈指引

1. 关于孩子和家庭的基本资料。（如家里有什么人？什么时候开始发现孩子有智障？知道孩子有事之后有没有得到服务或者说明？）

2. 以前有没有接受服务？停止这些服务多久？在完全无服务的这段时间，照顾孩子时遇到什么困难？具体探索困难。（比如，这个困难怎样影响孩子？怎样影响家里其他人？家里人有没有因为孩子的问题而冲突？）

3. 在这段完全无服务的时间，你自己有没有试过主动去找服务？知不知道有哪些机构提供服务？为什么最后没有得到服务，或者接受一段时间服务后中断？有没有人主动来帮助你们呢？

4. 如果要帮助你们，你最希望得到哪方面的帮助？

5. 你觉得我们机构的服务哪些适合你？

附录四　智障人士服务中心工作人员自我效能感及专业能力自我评价量表

以下描述是关于你平时对自己的一些看法，请根据你的实际情况在右面合适的“数字”上打“√”，“1”代表完全不同意，“5”代表完全同意。

		1	2	3	4	5
1	如果我尽力去做的话，我总是能够解决难题的					
2	即使别人反对我，但我仍有办法得到我想要的					
3	对我来说，坚持理想和目标是轻而易举的					
4	我自信能够应付任何突如其来的事情					
5	如果我有付出必要的努力，我就一定能够解决大多数的难题					
6	我能冷静地面对困难，因为我相信自己处理问题的能力					
7	面对一个难题时，我通常能够想到一些应付的方法					

续表

		1	2	3	4	5
8	有麻烦的时候，我通常能够想到一些应付的方法					
9	无论在我身上发生什么事，我都能够应付自如					
10	在工作会议中，我可以畅所欲言					
11	我可以表达跟其他同工不同的意见					
12	我能够掌握智障人士的需要					
13	我能够用合适的方法去回应智障人士的需要					
14	我能够策划适合智障人士的服务					
15	我能够掌握智障人士家长的需要					
16	我能够用合适的方法去回应智障人士家长的需要					
17	我能够策划适合智障人士家长的服务					

附录五　智障人士服务中心家长服务满意度调查问卷

你好！这项调查的主要目的是了解家长对济南基爱智障人士服务中心的服务满意度，以评估未来的服务需要及改进方向。所有收集的个人资料将会保密，并只做研究和改善服务之用。

A. 请阅读下面的句子，并根据你对每个句子的同意程度来打“√”。

		非常满意	大致满意	略微满意	略微不满意	大致不满意	非常不满意	不适用
A1.	中心的培训和活动可以帮助我的孩子							
A2.	中心的培训和活动为我的孩子带来进步							
A3.	我对中心提供的照顾服务感到满意（包括膳食、医疗保健）							
A4.	我对中心的环境感到满意（包括能够提供干净、整洁、安全的学习环境）							

续表

		非常满意	大致满意	略微满意	略微不满意	大致不满意	非常不满意	不适用
A5.	中心的家长活动适合我的需要并从中获得知识和情感支持							
A6.	中心的工作人员可以帮助我面对教育孩子的困难							
A7.	中心的工作人员可以帮助我与孩子沟通							
A8.	总体而言，我对中心对孩子的培训和照顾感到满意							
A9.	总体而言，我对中心对家长的支持感到满意							

B. 请阅读下面的句子，并根据你所认为的中心在家长支持方面的重要性打“√”。

		非常重要	大致重要	略微重要	略微不重要	大致不重要	非常不重要	不适用
B1.	帮助建立正面家庭关系和加深家庭成员彼此理解							
B2.	帮助家庭成员进行分工，并鼓励互相帮助							
B3.	增加家庭成员一起活动的时间							
B4.	帮助家庭成员从其他面对同样困难的家庭获得支持							
B5.	帮助家庭成员从社会网络（包括社会各界/朋友/邻居）中获得支持							
B6.	协助家庭成员用适当的方法来舒缓压力							

C. 我对孩子的培训和照顾有以下建议：

____

____

D. 个人资料

D1. 与孩子的关系

□ 1. 父亲　□ 2. 母亲　□ 3. 祖父　□ 4. 祖母

□ 5. 外祖父　□ 6. 外祖母　□ 7. 兄弟姐妹

□ 8. 其他（请注明）：__________

D2. 性别

□ 1. 男　□ 2. 女

D3. 年龄

□ 1. 30 岁以下　□ 2. 31～35 岁　□ 3. 36～40 岁

□ 4. 41～45 岁　□ 5. 46～50 岁　□ 6. 51～55 岁

□ 7. 56～60 岁　□ 8. 60 岁以上

D4. 受教育程度

□ 1. 没有接受教育/幼儿园　□ 2. 小学　□ 3. 中学

□ 4. 预科　□ 5. 大学　□ 6. 其他（请注明）：______

D5. 父亲职业状况

□ 1. 全职　□ 2. 兼职　□ 3. 打理家务　□ 4. 退休

□ 5. 失业　□ 6. 其他（请注明）：

D5. 母亲职业状况

□ 1. 全职　□ 2. 兼职　□ 3. 打理家务　□ 4. 退休

□ 5. 失业　□ 6. 其他（请注明）：__________

D6. 家庭每月收入

□ 1. <999 元　　□ 2. 1000～1999 元

□ 3. 2000～2999 元　　□ 4. 3000～3999 元

□ 5. 4000～4999 元　　□ 6. 5000～5999 元

□ 7. 6000～6999 元　　□ 8. ≥7000 元

D7. 户籍：____________

D8. 请注明在过去半年参与的中心活动：

____

____

E. 孩子数据

E1. 孩子在中心接收训练的时间

□ 1. 一年以下　□ 2. 一年至两年　□ 3. 两年至三年

□ 4. 三年或以上

E2. 孩子学习困难类别

□ 1. 智障　□ 2. 肢体弱　□ 3. 失去视力

□ 4. 失去听力　□ 5. 自闭症　□ 6. 语言发展缓慢

□ 7. 发展缓慢　□ 8. 多动症

□ 9. 智力有限　□ 10. 其他（请注明）：____________

问卷调查结束。谢谢！

济南市基爱社会工作服务中心简介

济南市基爱社会工作服务中心成立于2007年10月，是山东省首家在民政局正式注册成立的民间社会工作专业服务机构。“基爱”以“助老扶弱、服务家庭、关怀社区、发展睦邻”作为机构的发展使命，以“引导创建关怀互助的社区，矢志成为服务弱势社群及倡导社区关怀的专业服务机构”为机构发展愿景目标，发展专案化运作社会工作专业服务。机构主要面向社区层面开展智障人士服务、社区居家养老服务、社区儿童及青少年成长服务、妇女与家庭服务四大类社会工作专业服务专案。

机构自2007年成立伊始，便坚持专业服务专案的规范化运作、机构主体化运作模式，以整体服务专案形式推进专业服务发展。截至2012年底，机构已先后发展智障人士服务（2007年3月至今）、“济南市妇联反对家庭暴力社工维权岗”（2007年10月至2010年6月）、“济南市市中区‘阳光家庭’单亲特困母亲家庭服务”（2008年6月至2010年8月）、“济南历下区甸柳一居儿童成长服务”（2008年6月至2011年8

月）、“济南市市中区‘快乐老家’社区居家养老服务”（2010年5月至今）、“济南市历下区甸柳一居社区照顾服务”（2011年1月至2012年12月）、“济南市市中区‘花young年华·青年空间’青少年事务社会工作服务”（2011年6月）、山东省12355青少年公共服务平台（2012年3月至今）等众多品牌化社会工作专业服务专案，不仅仅使社会工作专业服务真正面向弱势群体推进开展，赢得服务对象的广泛支持，更树立了专业品牌形象，赢得了社会和各级政府部门的高度认可与广泛赞扬。2012年5月，机构荣获中国社会工作协会颁发的“先进民办社工服务机构”奖项，成为山东省首个也是全国14家获此殊荣的民办社工服务机构之一。

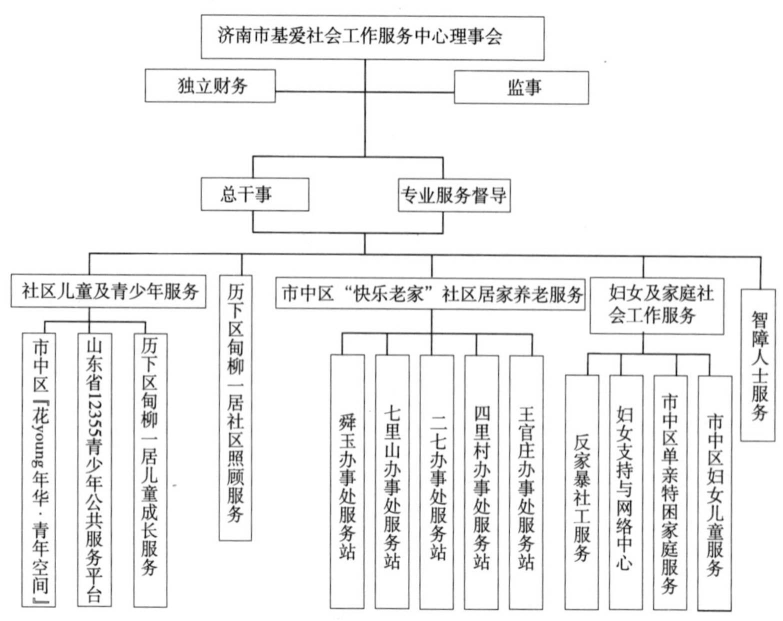

济南市基爱社会工作服务中心组织结构图

参考文献

中文部分

黄明玉、郭俊严，2009，《儿童保护社会工作实务之督导制度研究》，《大叶大学通识教育学报》第3期，第63~83页。

黄源协，1999，《社会工作管理》，（台北）扬智文化事业股份有限公司。

林万亿，2006，《当代社会工作：理论与方法》，（台北）五南图书出版股份有限公司。

逯晓瑞，2009，《社会工作实习现状及其影响因素研究：基于武汉市社会工作本科专业大学生的调查》，华中农业大学硕士学位论文。

民政部，2003，《民政部办公厅关于加强社会工作队伍专业化建设的通知》，http://www.mca.gov.cn/article/zwgk/tzl/200710/20071000002569.shtml，9月7日。

民政部，2011，《山东省社会工作专业人才队伍建设情况》，http://mzzt.mca.gov.cn/article/shgzzyrcdwjs/jlcl/201112/20111200245875.shtml，2013年9月6日。

民政部，2006a，《社会工作者职业水平评价暂行规定》，http://sw.mca.gov.cn/article/zcwj/200710/20071020002534.shtml，2013年9月7日。

民政部，2006b，《助理社会工作师、社会工作师职业水平考试实施办法》，http://sw.mca.gov.cn/article/zcwj/200710/20071020002535.shtml，2013年9月6日。

钱宁，2011，《非营利组织的管理风险与社会服务机构的发展问题》，《学习与实践》第10期，第73~80页。

区结莲，2011，《多项应变思维在社工实务中的应用》，载曾家达、游达裕编《知行易径：基础与应用》，策马文创有限公司，第31~42页。

山东省统计局，2010，《山东省2010年第六次全国人口普查主要数据公报》，http://www.stats.gov.cn/tjgb/rkpcgb/dfrkpcgb/t20120228_402804336.htm，2013年9月7日。

深圳市社会工作者协会，2012，《深圳市社工督导人员职责规定》，http://www.szswa.org/index/socialworkers/detail.jsp?id=7370，2013年9月6日。

世界卫生组织，2010，《社区复康指南》，http://whqlibdoc.who.int/publications/2010/9789889887834_introductory_chi.pdf，2013年9月6日。

王思斌，2011，《中国社会工作的嵌入性发展》，《社会科学战线》第2期，第206~222页。

香港基督教服务处，2009，《香港基督教服务处深圳市社会工作专业督导计划评估研究报告》，香港基督教服务处。

香港社会工作注册局，2009，《社会工作督导指引》，http://www.swrb.org.hk/chiasp/supervision_c.asp，2013年9月6日。

香港社会工作注册局，2010，《注册社会工作者工作守则》，http://www.swrb.org.hk/chiasp/draft_cop_c.asp，2013年9月6日。

向荣，2000，《中国社会工作实习教育模式再探索：建立与完善实习基地及其督导制度》，《云南高教研究》第69期，第50～52页。

肖萍，2006，《社会工作实习教育模式的本土性探讨：资源概念的引入》，《社会学研究》第3期，第103～109页。

新华网，2006，《中共中央关于构建社会主义和谐社会若干重大问题的决定》，http://news.xinhuanet.com/politics/2006-10/18/content_5218639.htm，2013年9月7日。

游洁，2007，《对社会工作实习教学的反思》，《湖北财经高等专科学校学报》第2期，第42～45页。

曾华源，1995，《社会工作实习教学：原理及实务》，师大书苑。

张洪英，2012，《中国社会工作实习督导模式的发展：以山东济南为例》，香港理工大学应用社会科学系博士学位论文。

庄明莲，2008，《问题为本学习：社工教育的经验》，载梁丽清、陈启芳编《知而行·行而知：香港社会工作教育的反思与探索》，香港中文大学出版社，第53~68页。

英文部分

Bradshaw, S. D., & Stasson, M. F. (1995). Explanations of individual-group performance differences: What sort of "bonus" can be gained through group interaction? *Small Group Research*, 26, 296-308.

Bronfenbrenner, U. (1979). *The ecology of human development: Experiments by nature and design.* Cambridge, MA: Harvard University Press.

Bryce, H. J. (1992). *Financial and strategic management for nonprofit organizations.* Englewood Cliffs, NJ: Prentice Hall.

Bryson, J. M. (1995). *Strategic planning for public and nonprofit organizations: A guide to strengthening and sustaining organizational achievement.* San Francisco: Jossey-Bass Publishers.

Caracelli, V. J., & Greene, J. C. (1997). Crafting mixed-method evaluation designs. In J. C. Greene & V. J. Caracelli (Eds.), *Advances in mixed-method evaluation: The challenges and benefits of integrating diverse paradigms, new directions for evaluation* (pp. 19-32). San Francisco, CA: Jossey-Bass Publishers.

Caspi, J., & Reid, W. J. (2002). *Educational supervision in social work: A task-centered model for field instruction and staff development.* New York: Columbia University Press.

Connolly, P., & Lukas, C. (2002). *Strengthening nonprofit performance: A funder's guide to capacity building.* Saint Paul, MN: Amherst H. Wilder Foundation.

Conzemius, A., & O'Neill, J. (2002). *The handbook for SMART school teams.* Bloomington, IN: National Educational Service.

Cook, T. D. (1985). Postpositivist Critical Multiplism. In R. L. Shotland & M. M. Marks (Eds.), *Social Science and Social Policy* (pp. 21-62). Thousand Oaks, CA: Sage.

Dewey, J. (1938). *Experience and education.* New York: The Macmillan Company.

Germain, C. B., & Gitterman, A. (1980). *The life model of social work practice.* New York: Columbia University Press.

Greene, R. R. (2008). Ecological perspective: An eclectic theoretical framework for social work practice. In R. R. Greene (Ed.), *Human behavior theory & social work practice* (pp. 199-236). New Brunswick, NJ: Transaction Publishers.

Hartman, A., & Laird, J. (1983). *Family-centered social work practice.* New York: Free Press.

Health and Care Professions Council. (2009). Standards of education and training guidance. Retrieved from http://www.hpc-uk.org/publications/brochures/index.asp?id=195.

Hung, S. L., Ng, S. L., & Fung, K. K. (2010). Functions of social work supervision in Shenzhen: Insights from the cross-border supervision model. *International Social Work*, 53, 366 – 378.

Kadushin, A., & Harkness, D. (2002). *Supervision in social work* (4th ed.). New York: Columbia University Press.

Kelleher, R., Ewert, P., Yastrubetskaya, O., & Williams, M. (2000). Video conferencing applications in social work: Work locally, think globally. *Australian Social Work*, 53, 55 – 59.

Knowles, M. (1973). *The adult learner: A neglected species.* Houston, TX: Gulf Pub. Co.

Laird, J. (1995). Family-centered practice in the postmodern era. *Families in Society*, 76, 150 – 162.

Manion, J., Lorimer, W., & Leander, W. J. (1996). *Team-based health care organizations: Blueprint for success.* Gaithersburg, MD: Aspen Publishers.

Moore, M. H. (1995). *Creating public value: Strategic management in government.* Cambridge, MA: Harvard University Press.

Moore, M. H. (2000). Managing for value: Organizational strategy in for-profit, nonprofit, and governmental organizations. *Nonprofit and Voluntary Sector Quarterly*, 29, 183 – 208.

Munson, C. E. (1993). *Clinical Social Work Supervision* (2nd ed.). New York: Haworth Press, Inc.

Oster, S. (1995). *Strategic management for nonprofit organizations: Theory and cases.* New York: Oxford University Press.

Pounder, J. S. (1999) . Organizational effectiveness in higher education: Managerial implications of a Hong Kong study. *Educational Management Administration & Leadership*, 27, 389 – 400.

Rosen, A. (2003) . Evidence-based social work practice: Challenges and promise. *Social Work Research*, 27, 197 – 208.

Rossi, P. H., Lipsey, M. W., & Freeman, H. E. (2004). *Evaluation: A systematic approach.* Thousand Oaks, CA: Sage.

Rothwell, W. J. (1999) . *The action learning guidebook: A real-time strategy for problem solving, training design, and employee development.* San Francisco, CA: Jossey-Bass/Pfeiffer.

Schwarzer, R. (1993) . *Measurement of perceived self-efficacy: Psychometric scales for cross-cultural research.* Berlin: Freien Universität.

Shulman, L. (1995) . *Encyclopedia of social work.* Washington, DC: National Association of Social Workers.

Social Work Reinvestment Initiative (2009) . State legislative requirement forprivate or independent social work practice. Retrieved from http://www.socialworkreinvestment.org/State/Requirements.aspx?st = OK.

Social Workers Registration Board (2012) . Principles, criteria and standards for recognizing qualifications in social work for registration of registered social workers. Retrieved from http://www.swrb.org.hk/chiasp/criteria_ c.asp.

Wenger, E. (1998). *Communities of practice: Learning, meaning, and identity.* Cambridge: Cambridge University Press.

Wolfer, T. A., Carney, M., & Ward, J. (2002). Acquiring and implementing videoconferencing technology to enhance the field work experience. *Journal of Technology in Human Services*, 19, 43 – 63.

Worth, M. J. (2012). *Nonprofit management: Principles and practice* (2nd ed.). Thousand Oaks, CA: Sage.

后　记

吴丽端

济南给我的印象来自《老残游记》的一篇文章，“济南的冬天”一文提到的大明湖、趵突泉全都是我脑海中熟悉的地方的名字，此趟能以社工督导身份来到这个地方，让我可以领略这里的风土人情、生活文化，实在是获益良多，其中的点滴会是我人生中难忘的体验。

在济南过冬天，对我这个南方人来说，要适应的不只是严寒低温，还有干燥的天气。第一次到济南时，刚好是冬至，那天晚上，智障人士服务中心的工作人员、学员一起包饺子，之后，山东大学社会工作系的老师、学生和义工也来了，我们在这顿饺子晚餐上，边唱歌，边说笑，讲的是自己家乡的故事，也讲到为何要做社工。这个夜晚是我感到最温暖的冬至夜晚。

济南的夏天应该是非常炎热的，我选了 5 月份到济南。一方面是因为这个月份的天气比较好；另一方面，因为智障人士服务中心每年都在这个时候举办母亲节颂亲恩的活动。这一年我见证了智障人士服务中心天台花园揭幕，也和智障人士服务中心学员的家庭成员在家庭运动会上相遇；令我难忘的一幕，是家长代表在接力赛中拼命奔跑的情景，他们有着强劲的动力和拼搏意志，让我深信他们就是凭着这份力量，带着智障的孩子冲破重重障碍的；而在我脑海中不断涌现的，还有家长、智障学员、中心同仁和济南大学社工系义工大伙儿手拉手表演步操式舞蹈的情景。当大家手拉着手的时候，再没有孤单，再没有跌倒和害怕，有的是喜悦、自信和盼望。

而在济南两年督导的时间里，最令我耿耿于怀的是，在对那些仍未接受服务的家长做深入访谈的时候，听了他们的经历，感受他们的无助感、他们受的苦和心中的郁结，令我对智障人士服务中心有很大的寄望，希望我们可以为这些家庭多做一点事。

最近，当我从“基爱”的理事长黄智雄先生口中得知智障人士服务中心得到很多社区层面的支持，在未来两三年会拓展更多服务时，我的心情特别激动，我为中心每位同工付出的努力感到骄傲，也衷心期盼大家可以继续与中心的学员和家长一起奋斗。

后　记

区结莲

还记得那是 2010 年 5 月。

我第一次踏足济南，感觉在这片土地上，什么都很大、很长、很高——停机坪很大，大学里的楼梯很长，食堂很大，在酒店住房的洗手间惊觉镜子挂得很高，才知道原来这里的人都长得特别高大。

对于来自南方的我来说，觉得一切都是那么新鲜。

两个寒暑过去了，“基爱”不经不觉间已成为我在山东的娘家（可能因为“基爱”绝大部分员工都是女性，“娘家”这个词用起来显得特别亲切）。看着由最初的两个小队（即甸柳和舜玉社区小队）到现时差不多十个社区服务团队，每次视频督导都有新同事加入，不论熟悉的还是不熟悉的面孔都对工作充满期盼，怀着理想，实在令我感到振奋。看着年轻可爱的社工们在实务中逐渐变得成熟，从自我怀疑到自信，从容易受打击到意志坚定，从目标模糊到目标越来越清晰，从无到有，每一步都给我们留下了深刻的记忆。

两年多的时间过去了，那些年的晓娟还是舜玉团队的社工实习学生，如今她已成为舜玉经验丰富的前辈，为新建立的社区服务团队提供指导；甸柳的晓玲和好好以初生牛犊的精神在跌跌撞撞中茁壮成长；燕操这个年纪轻轻的大姐姐今天亦已能独当一面，领导建立了几个青年服务团队；还有后来加入的明叶、赵扬、京振，都为社工团队带来了很多宝贵的发展经验。虽然也有同工（孟飞、秀丽、玲玲）因家庭生活的考虑而选择离开机构，但他们对团队的贡献在我们每个人心中留下了抹不掉的印记。当然还有整个机构的舵手孙成键，在短短几年的时间里，从大学毕业生到一线社工，到一个三人小团队的队长，再到一个统领十多个团队的机构总干事，每一个脚印都是那么清晰：这样艰辛而奇妙的一段成长历程，对于惯于在安稳的专业环境中长大的香港同业来说，实在是难以想象的。从这个角度来说，这群年轻人也是我的半个老师。

“促进服务对象的能力建设”和“共建有情社区”是“基爱”所有社区团队的工作使命。有了清晰的方向，我们便不怕迷路。每当看到同工能把心中的信念贯彻到每一个活动方案、每一个小组甚至每一个个案中时，我便清楚地知道过去那段日子的努力没有白费。

同志们，我为你们取得的成就而感到自豪。

祝愿“基爱”这一生力军继续茁壮成长，在为弱势社群改善生活的同时，也能跟社区内的团体及其他社会服务机构携手并进，共建有情社区。

图书在版编目（CIP）数据

社会工作跨境专业督导：山东经验 / 马丽庄，吴丽端，区结莲著．—北京：社会科学文献出版社，2013.12
ISBN 978 - 7 - 5097 - 5210 - 4

Ⅰ.①社… Ⅱ.①马… ②吴… ③区… Ⅲ.①社会工作 - 研究 - 中国 Ⅳ.①D632

中国版本图书馆 CIP 数据核字（2013）第 248462 号

社会工作跨境专业督导
——山东经验

著　　者 / 马丽庄　吴丽端　区结莲

出 版 人 / 谢寿光
出 版 者 / 社会科学文献出版社
地　　址 / 北京市西城区北三环中路甲 29 号院 3 号楼华龙大厦
邮政编码 / 100029

责任部门 / 社会政法分社（010）59367156　　责任编辑 / 杨桂凤
电子信箱 / shekebu@ssap.cn　　责任校对 / 李　俊
项目统筹 / 童根兴　杨桂凤　　责任印制 / 岳　阳
经　　销 / 社会科学文献出版社市场营销中心（010）59367081　59367089
读者服务 / 读者服务中心（010）59367028

印　　装 / 三河市尚艺印装有限公司
开　　本 / 787mm×1092mm　1/20　　印　　张 / 11
版　　次 / 2013 年 12 月第 1 版　　字　　数 / 139 千字
印　　次 / 2013 年 12 月第 1 次印刷
书　　号 / ISBN 978 - 7 - 5097 - 5210 - 4
定　　价 / 45.00 元